Projektmanagement

Die besten Projekte, die erfolgreichsten Methoden

Dr. Roland Ottmann
Prof. Dr. Heinz Schelle

So nutzen Sie dieses Buch

Die folgenden Elemente erleichtern Ihnen die Orientierung im Buch:

> *Beispiele*
>
> *In diesem Buch finden Sie zahlreiche Beispiele, die die geschilderten Sachverhalte veranschaulichen.*

Definitionen
Hier werden Begriffe kurz und prägnant erläutert.

> **!** Die Merkkästen enthalten Empfehlungen und hilfreiche Tipps.

Auf den Punkt gebracht

Am Ende jedes Kapitels finden Sie eine kurze Zusammenfassung des behandelten Themas.

Inhalt

Vorwort	5
Erfolg ist möglich	7
Lernen von den Besten	8
Das Modell für Project Excellence (MfPE)	9
Kurzdarstellung der Award-Gewinner	10
Siemens Business Services, Deutschland (1998)	10
Deutsche Post, Deutschland (1999)	13
Vaillant Hepworth Group, Deutschland (2000)	17
BMW Group, Deutschland (2001)	21
Fluor Daniel, Niederlande (2002)	26
UBS, Schweiz (2003)	29
T-Systems International, Spanien (2004)	32
Benchmarking und Projekt-Benchmarking	38
Das Modell für Project Excellence	41
Die Bewertungswerkzeuge	42
Der Projektmanagement-Award PMA	51
Welche Projektteams können sich bewerben?	51
Ziele des Projektmanagement-Awards	52

Analyse und Erörterung der vorgestellten Projekte — 53

Gesammelte Ergebnisse der Gewinnerprojekte — 53
Von allen Award-Gewinnern angewandte Best Practices — 57
Weitere Best Practices im Projektmanagement — 75
Benchmarks für alle Projekte — 91

Werkzeuge der Projektmanagement-Praxis — 93

Teamführung — 93
Maschineneinsatz — 106
Einbeziehung des Projektumfelds — 107
Planungswerkzeuge und -methoden — 110
Erreichen der Projektergebnisse — 121
Empfehlungen für ein erstklassiges Projektmanagement — 124

Stichwortverzeichnis — 126

Vorwort

Wie gut werden Projekte tatsächlich gemanagt? In der täglichen Praxis der Unternehmen, ungeachtet der vielen theoretischen Ansätze, die in den Lehrbüchern beschrieben werden?

Diese Frage stellte sich der Vorstand der Deutschen Gesellschaft für Projektmanagement e. V. (GPM) im Jahr 1996. In der Folge entwickelte die Gesellschaft ein Bewertungsmodell mit der Bezeichnung „Modell für Project Excellence" (MfPE) und einen entsprechenden Prozess zur Projektbewertung. Dieses Bewertungsverfahren wenden die GPM seit 1997 und die International Project Management Association (IPMA) seit 2002 erfolgreich an, um die Leistungen der Bewerber für den deutschen beziehungsweise den internationalen Projektmanagement-Award (PMA) zu beurteilen.

Die Autoren stellen das Modell hier detailliert vor und erläutern, wie es benutzt wird, um Projekte zu bewerten. Anschließend beschreiben sie die Best Practices, mit denen die Award-Preisträger von 1998 bis 2004 ihre Projekte zum Erfolg geführt haben. Dazu wurden die Feedback-Berichte der Assessoren über die Award-Gewinner dieser Jahrgänge analysiert. (Diese Unterlagen, die im Archiv der Deutschen Gesellschaft für Projektmanagement zugänglich sind, werden im Folgenden nicht mehr für jedes Projekt einzeln angeführt.) Ziel ist es, von den besten Projekten zu lernen.

Viel Erfolg bei Ihren Projekten wünschen Ihnen

Dr. Roland Ottmann und Prof. Dr. Heinz Schelle

Erfolg ist möglich

So sollte es Ihnen mit Ihren Projekten nicht gehen:

- Das deutsche IT-Projekt Fiscus wurde einst ins Leben gerufen, um die Software der Steuerverwaltung der Finanzämter zu vereinheitlichen. Nach einer Investition von über 900 Millionen Euro funktionierte das System immer noch nicht, der investierte Betrag musste abgeschrieben werden.

- 380 Millionen Euro verschwendete die irische Gesundheitsbehörde Health Services Executive in einem IT-Vorhaben für die Verwaltung, bevor es gestoppt wurde.

- Die Probleme mit dem Toll-Collect-Projekt in Deutschland führten aufgrund einer Verzögerung um 16 Monate zu einem öffentlichen Skandal – ein negativer Cashflow in Höhe von 3,5 Milliarden Euro war die Folge.[1]

- 100 Millionen Euro Verlust und ein schwerer Imageschaden blieben, als ein bekanntes Schweizer Bankhaus ein ehrgeiziges e-Banking-Projekt abbrach.

Eine Studie der Zeitschrift *Computerwoche* zusammen mit dem Institut für Betriebswirtschaftslehre an der TU München zeigte, dass nur 43 Prozent der IT-Vorhaben der vergangenen drei Jahre erfolgreich waren. 48 Prozent der Technik-Projekte dauerten erheblich länger als geplant,

---

[1] Steeger, O.: „Hidden Champions": Was Top-Projekte von Disasterprojekten unterscheidet; in: Projektmanagement aktuell 3/2006, Nürnberg 2006

kosteten wesentlich mehr oder erbrachten ein Projektresultat, das zu Beginn so nicht geplant war.

Die regelmäßigen Berichte der Standish Group kommen zu ganz ähnlichen Ergebnissen. Zyniker sagen etwas übertreibend, dass es überhaupt keine erfolgreichen IT-Projekte gebe.

Das Scheitern vieler IT-Projekte und Reorganisationsvorhaben wird einer breiteren Öffentlichkeit zumeist nicht bekannt. Die betroffenen Organisationen schweigen über das Debakel. An den Pranger gestellt werden in der Regel nur Projekte der öffentlichen Hand. Ankläger sind die Rechnungshöfe des Bundes (www.bundesrechnungshof.de) und der Länder.

Wer glaubt, dass Projektfehlschläge in der Hauptsache in der IT-Branche vorkommen, irrt sich. Bau und industrieller Anlagenbau haben ganz ähnliche Probleme. Einige gründlich analysierte Olympia-Bauprojekte sind Beispiele dafür, dass das Scheitern kein „Privileg" der IT-Leute ist. Ein weiteres spektakuläres Beispiel ist die Errichtung des Berliner Hauptbahnhofs. Bei Bauvorhaben sind es zumeist enorme Kostenüberschreitungen, die die angestrebte Rendite und die Projektbudgets gefährden.

In jedem Fall bedeutet das Scheitern von Vorhaben bzw. das erhebliche Verfehlen der gesetzten Ziele eine Vergeudung von Ressourcen.

Lernen von den Besten

Die geschilderten Probleme könnten in Projekten vermieden werden, wenn man die Fehler betrachtet, die in diesen

Vorhaben gemacht wurden, und von erfolgreichen Projekten lernt.

Wir wollen vor allem den zweiten Weg beschreiben, mit der zentralen Frage: Welche Best Practices haben Projektteams, die einen Projektmanagement-Award gewonnen haben, angewandt?

Diese „besten Verfahrensweisen" können Projektleitern bei ihren Projekten als Vorbild und zum Vergleich (Benchmark) dienen.

Das Modell für Project Excellence (MfPE)

Bei der Ermittlung der Finalisten, Preisträger und Award-Gewinner des deutschen und des internationalen Projektmanagement-Awards bewährt sich das Modell für Project Excellence jedes Jahr aufs Neue. Den deutschen PM-Award vergibt die GPM bereits seit 1997 an Projektteams, die ein erstklassiges Projektmanagement und hervorragende Projektergebnisse vorweisen können. Die folgende Abbildung zeigt die Namen und die Herkunft der Award-Gewinner in den Jahren 1998 bis 2004.

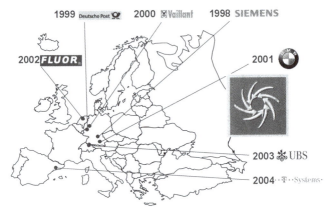

Namen und Herkunft der Award-Gewinner 1998 bis 2004

Kurzdarstellung der Award-Gewinner

Die nachfolgenden Beschreibungen zeigen den Stand zum Zeitpunkt der Bewerbung um den Award. Aus diesem Grund haben wir uns bewusst für die Darstellung in der Gegenwartsform entschieden und auch auf ergänzende Beschreibungen zum derzeitigen Status der Projekte und der Unternehmen verzichtet.

Siemens Business Services, Deutschland (1998)

Siemens Business Services (SBS) entwickelt integrierte Computerlösungen. Das Unternehmen bietet Komponenten und Systeme, die den Computing-Anforderungen eines breiten Branchenspektrums gerecht werden – angefangen von Telekommunikation über Medizinelektronik und Prozessautomatisierung bis hin zum Einsatz in der Verteidigung. Integrierte Computer werden täglich in einer zunehmenden Zahl von Produkten eingesetzt und da die Branche wächst, befindet sich SBS in einer guten Position.

Integrierte Computer verarbeiten Informationen, steuern Maschinen und interagieren mit Personen. Man findet sie überall – in Flugzeugen, komplexen medizinischen Geräten usw. – und sie werden in zahlreichen Anwendungen eingesetzt, z. B. für den Abruf von Satelliteninformationen oder die Steuerung von Produktionsbändern. SBS engagiert sich dafür, den steigenden Anforderungen gerecht zu werden, denn viele Unternehmen verlassen sich auf integrierte Computerlösungen, um ein einfaches und zuverlässiges Funktionieren ihrer Produkte zu erreichen.

SBS ist Marktführer in der Branche für integrierte Computer. Sie werden in Anwendungen eingesetzt, die vor nur wenigen Jahren noch unvorstellbar waren. Aufregende Entwicklungen von DNA-Analytikern über Fortschritte in der Telekommunikation bis hin zu verbesserter Fahrzeugsicherheit und mehr Komfort sind integrierten Computern zu verdanken. SBS bedient mehr als 1.000 Kunden mit über 4.000 integrierten Computerprodukten. Dazu zählen Prozessorboards, Eingabe/Ausgabe-Module, Netzwerkgeräte und komplette Computersysteme sowohl für gewerbliche als auch für industrielle Zwecke.

Das Konzept von SBS, ein breites Spektrum an standardisierten und an kundenspezifischen integrierten Computersystemen zu liefern, ist den Kunden dabei behilflich, ihre Produkte schneller, zuverlässiger und wirtschaftlicher auf dem Markt einzuführen.

Kurzbeschreibung des Projekts

Das Projekt Customer Service SBS	
Projektart	Organisationsprojekt mit Anteilen eines Entwicklungsprojekts
Projektdauer	1,5 Jahre
Aufwand	Mehr als 3.000 Arbeitstage
Teammitglieder	Mehr als 100 insgesamt, 10 ständige Mitglieder
Beteiligte Organisationseinheiten	6

Für SBS ist ein guter Kundenservice ein strategischer Wettbewerbsfaktor. Kundenservice umfasst die Annahme und Bearbeitung von Rückfragen, Bestellungen, Fehlern und Beschwerden, auf die der Anwender im Rahmen seines Servicevertrags Anspruch hat. Dies erfordert die Definition von Strategien, Prozessen, Organisationsstrukturen, Handlungen und Tools sowie des Umfangs und Inhalts des Kundenserviceportfolios.

Die einzelnen Service Lines bieten ihren Kundenservice über die Customer Support Centres (CSC) an. Ein CSC ist eine Organisationseinheit innerhalb der SBS Service Line an einem bestimmten Standort. Das CSC bildet die „Schnittstelle" der Kunden mit SBS und kooperiert mit anderen SBS-Organisationseinheiten auf der Basis interner Serviceverträge.

Die Zusammenlegung der ehemaligen Servicebereiche der Siemens AG und der Siemens Nixdorf AG in SBS bedeutet, dass SBS denselben Kunden unterschiedliche Servicekonzepte angeboten hat. Aus diesem Grund besteht das zentrale Ziel des Projekts Customer Service SBS darin, eine universelle, prozessorientierte, standardisierte, kostengünstige und konkurrenzfähige Kundenservicestruktur für SBS zu erreichen. Das Projekt umfasst die Ausarbeitung eines Kundenservicekonzepts einschließlich der Analyse der Konkurrenz (Benchmarking) und der Kundenerwartungen, eine Analyse des aktuellen Stands sowie die nachfolgende Umsetzung des Konzepts.

Deutsche Post, Deutschland (1999)

Die Deutsche Post (DP) ist ein Partner innerhalb des Deutsche Post World Net. Jeden Tag liefert die DP 72 Millionen Briefe aus. Insbesondere die Direktmarketingabteilung sorgt für starkes Wachstum. Im Briefpostsektor ist die DP der führende Diensteanbieter in Europa, während sie im Bereich Direktmarketing die Marktführung in Deutschland innehat. Die DP kommt durch ihre Verkaufsstellen jedes Jahr mit rund 660 Millionen Kunden in Kontakt.

Sowohl Privat- als auch Geschäftskunden profitieren von der Erfahrung der DP, der modernen Technologie in ihren Postsortierungszentren (Mail Sorting Centres; MSC) und ihren engen Kundenbeziehungen. Die DP bietet ihren Privatkunden zeitkritische Produkte und Dienstleistungen, die weit über die reine Postzustellung hinausgehen. Für Geschäftskunden liefert die DP maßgeschneiderte Lösungen. Sie ist ein professioneller Partner in allen ihren Markenbereichen. Zudem bietet sie eine Reihe von Dienstleistungen in Zusammenarbeit mit ihren spezialisierten Tochtergesellschaften.

Kurzbeschreibung des Projekts

Das Projekt Brief 2000 der DP und Gemini Consulting	
Projektart	Organisations- und Investitionsprojekt
Projektdauer	6 Jahre
Aufwand	3,5 Mrd. DM
Teammitglieder	1.700 insgesamt, 190 ständige Mitglieder
Beteiligte Organisationseinheiten	Mehr als 380

Als Vorstand und Aufsichtsrat der DP im Mai 1992 ein vier Milliarden D-Mark umfassendes Investitionsprogramm beschließen, schaffen sie die Voraussetzungen für ein Postlogistikprojekt, das in seiner Struktur und Größe sowie für das „Änderungsmanagement" im Bereich der Briefproduktion einmalig ist.

Anhand von drei zentralen Richtlinien als Grundlage für das Konzept „Brief 2000" strukturiert die größte Postdienstleistungsgesellschaft Europas ihre profitabelste Sparte (70 % Beitrag zum Gesamtumsatz) um und passt sie den geänderten Marktbedingungen an.

Die Projektziele sind

▸ eine Qualitätsverbesserung, um eine durchgängige Kundenorientierung zu erreichen,

- eine Gewährleistung der Rentabilität durch langfristige Kostensenkung und
- die Sicherung der zukünftigen Existenz des Unternehmens, selbst wenn es sein Monopol verlieren sollte, durch Steigerung seiner Konkurrenzfähigkeit.

Das Programm betrifft 210.000 Mitarbeiter und annähernd 20 Milliarden Zustellungen pro Jahr. Sieben Jahre nach Ausarbeitung des Konzepts führt die DP eines der modernsten Briefverarbeitungssysteme der Welt ein. Von Beginn an besteht das Ziel darin, ein nahtloses System mit klarer Systematisierung und umfangreicher Standardisierung zu entwickeln. Dies bedeutet, dass die schrittweise Optimierung der einzelnen Briefzentren schon vom ersten Tag an ausgeschlossen wird. Die Verarbeitungsaufgaben werden heute statt von 1.000 Briefverarbeitungszentren von nur 83 Hochtechnologie-Briefzentren erledigt.

Der Erfolg des Projekts ist an der beeindruckenden Reduzierung der Transportoperationen von 150.000 auf 50.000 und der markanten Automatisierungszunahme von 24 auf 85 Prozent deutlich zu erkennen. Die DP erzielt durch das Projekt Brief 2000 jährliche Einsparungen in Höhe von 1,8 Milliarden DM. Dieser Prozess der Konsolidierung der Unternehmensstruktur und der Errichtung der Hochtechnologie-Briefzentren bleibt von den Kunden größtenteils unbeachtet. Ihnen sind nur die Begleitprojekte bekannt, darunter die Schmälerung des früheren, verwirrenden Produktangebots von 150 Produkten in Deutschland sowie 1.000 Produkten in anderen Ländern auf vier Basisprodukte und die Einführung der neuen, fünfstelligen Postleitzahlen.

Neben der Steigerung der Rentabilität konzentrieren sich die Umstrukturierungsmaßnahmen vornehmlich auf Qualitätssteigerung und die Befriedigung der Kundenpräferenzen und -anforderungen.

1994 erreichen lediglich 83 Prozent aller Briefe einen Tag nach dem Einwurf (E+1) ihren Bestimmungsort. 1998 werden bereits 95 Prozent aller Briefe am darauffolgenden Tag zugestellt. Mit diesem E+1-Dienst hat die DP einen einmaligen weltweiten Standard eingeführt.

Die Schnelligkeit der Zustellung ist nur eine von mehreren Qualitätsverbesserungen. Zu den weiteren Vorteilen, die die Kunden infolge des neuen Konzepts genießen können, zählt der Umstand, dass weniger Briefe verloren gehen und beschädigt werden und dass die Zustellungen zuverlässiger und akkurater sind. Dies wird auch durch die Tatsache dokumentiert, dass die Servicequalität der DP eine internationale Vergleichsmarke darstellt, was aus dem großen Interesse hervorgeht, das Postdienstleister in anderen Ländern an dem Projekt gezeigt haben. Die Mitarbeiter des Unternehmens haben ebenfalls vom Projekt profitiert, da dadurch ihre Arbeitsplätze gesichert werden und sich die Qualität des Beschäftigungsverhältnisses erheblich verbessert hat.

Bis zu 46 der 83 Bauvorhaben, die insgesamt rund 30.000 Aktivitätenpakete umfassen, werden während der heißen Projektphase gleichzeitig gemanagt und beaufsichtigt.

Aus organisatorischen Gründen erfolgt der Netzanschluss der neuen Briefzentren gemäß einer Prioritätenliste in Form von Blockbildung, d. h. gebündelt nur zweimal pro Jahr.

Bis zu 13 Briefzentren werden in einer Nacht gleichzeitig in Betrieb genommen und ans Netz angeschlossen.

In dieser Nacht ändern sich der Transportstrom mehrerer Millionen Postsendungen sowie die Zustellrouten, die Abholfahrzeuge und die Arbeitsplätze mehrerer Tausend Mitarbeiter. Daher müssen die technische, betriebliche und Personalressourcenplanung für die einzelnen Briefzentren angepasst und in den Gesamtplan integriert werden. Die Gebäude müssen fertiggestellt, die Maschinen montiert, die alten regionalen Briefzustellungs- und Postannahmestellen geschlossen und das Personal ausgewählt und geschult werden.

Vaillant Hepworth Group, Deutschland (2000)

Mit einer Belegschaft von 7.100 Mitarbeitern, einem Absatz von mehr als zwei Millionen Geräten und einem Umsatz in Höhe von 1,4 Milliarden Euro ist die Vaillant Hepworth Group (VHG) eines der in Europa führenden Heizungstechnologieunternehmen. Sie ist in wichtigen Produktsegmenten wie wand- und bodenmontierten Heißwasser- und Elektronikgeräten innerhalb der Branche stark positioniert. Moderne Heizungslösungen basieren zunehmend auf erneuerbaren Energien, weshalb das Unternehmen sein Produktangebot nun um Solarsysteme und Wärmepumpen erweitert.

Die VHG hält einen Anteil von rund 26 Prozent am Markt für wandmontierte Geräte, was sie zum Top-Anbieter in Europa macht. Dank eines Absatzes von mehr als 1,2 Millionen Geräten pro Jahr ist die VHG Weltmarktführer in diesem Segment.

Der Erfolg der VHG basiert auf Forschung und Entwicklung, die wiederum ständig an den Kundenanforderungen ausgerichtet werden. Die F&E-Sparte der VHG zählt mit einer Belegschaft von 300 Mitarbeitern zur größten und kreativsten ihrer Branche. Die VHG hat zahlreiche Patente angemeldet und beantragt jedes Jahr rund 100 neue. Insgesamt sind die VHG und ihre Heizungstechnikprodukte in mehr als 100 Ländern rund um den Globus vertreten.

Kurzbeschreibung des Projekts

Das Projekt Euro Basis Standard (EBS) von Vaillant	
Projektart	Entwicklungsprojekt
Projektdauer	24 Monate
Aufwand	8.600 Arbeitstage
Teammitglieder	43
Beteiligte Organisationseinheiten	14

Ziel des Projekts Euro Basis Standard (EBS) ist die Entwicklung einer neuen Generation von Durchlauferhitzern für den europäischen Markt bis zur Serienproduktionsreife innerhalb von 16 Monaten zum Zweck der Konsolidierung und des Ausbaus der Marktstellung des Konzerns.

Professionelles Projektmanagement und ehrgeizige Fertigstellungstermine machen dies möglich. Nun liegt die Vorlaufzeit bei Vaillant bei nur einem Jahr und das erste Produkt einer neuen Generation moderner und energiesparender wandmontierter Gasdurchlauferhitzer hat das Förderband bereits verlassen. Die neuen Geräte verfügen über ein standardisiertes Plattformsystem, das eine länderspezifische Anpassung zulässt und den Kundenanforderungen eher gerecht wird, als dies früher der Fall war.

Die neue Gerätegeneration für den europäischen Markt versetzt Vaillant in die Lage, seinen Marktanteil erheblich auszubauen, insbesondere in Süd- und Westeuropa. Vaillant investiert elf Millionen D-Mark in den Bau einer vollkommen neuen Produktionsanlage für sein Werk in Remscheid. So werden dort bis zu 3.000 Arbeitsplätze gesichert.

Die Firma baut damit die größte Produktionsstätte für wandmontierte Gasdurchlauferhitzer in Europa. Die universelle Anwendung des Vaillant-Innovationsprozesses (VIP), ein Vorgehensmodell zur Abwicklung von Entwicklungsprojekten, ermöglicht nicht nur die Realisierung des Projekts in der bislang kürzesten Entwicklungszeit. Das modulare Design und die Standardisierung der Produkte haben die Produktionskosten zudem um rund 25 Prozent gesenkt.

Zu den Erfolgsfaktoren, die für die Senkung der Entwicklungszeit auf weniger als 15 Monate beigetragen haben, zählen

- das standardisierte Verfahren gemäß dem VIP,
- die Einbeziehung von Systemanbietern in den Entwicklungsprozess,
- eine durchgängige gleichzeitige Konstruktion in allen betroffenen Bereichen und
- eine umfassende Kommunikationsstruktur zur Koordinierung all dieser Aktivitäten.

Die Voraussetzung hierfür und der wichtigste Erfolgsfaktor sind der hohe Schulungsgrad und die methodische Kompetenz des Personals des Unternehmens. Das Hauptunterscheidungsmerkmal der neuen Geräteserie für den europäischen Markt ist ein standardisiertes Plattformsystem. Die Komponenten werden gemäß den länderspezifischen Vorschriften montiert. Dieses modulare Design ermöglicht die Einführung von Gerätevarianten in einer sehr späten Montagephase. Dies reduziert die benötigten Produktionsressourcen und befriedigt abweichende Kundenanforderungen.

Die laufende Kundenorientierung, die im VIP fest verankert ist, stellt sicher, dass die neue Geräteserie für den europäischen Markt den höchsten Ansprüchen genügt und äußerst installations- und wartungsfreundlich ist. Die Einbeziehung der Kunden (Tochtergesellschaften, kompetente Fachleute) ist vom ersten Projekttag an gewährleistet. Kundenworkshops zur Abklärung detaillierter Anforderungen und Präferenzen, mehrere Überprüfungen bei Kunden zur Kontrolle der Arbeitsergebnisse, die Durchführung von Feldversuchen und Installationstests zur Überprüfung der Gerätefunktionalität unter realen Bedingungen sowie eine abschließende Kundenumfrage zu Beginn der Vermarktungsphase verdeutlichen die Nähe des Unternehmens zu seinen Kunden im Entwicklungsprozess.

Im Rahmen des EBS-Projekts werden alle Methoden und Verfahren umgesetzt, die in den vergangenen Jahren entwickelt und gelernt wurden. Bei Projektabschluss hat man eine neue, zukunftsorientierte und kundenspezifische Generation modularer Geräte entwickelt und sie gemäß dem Zeitplan für die Markteinführung verfügbar gemacht.

BMW Group, Deutschland (2001)

Mit den drei Pfeilern BMW, MINI und Rolls-Royce Motor Cars hat die BMW Group ihr Augenmerk auf den Premiumsektor des internationalen Automobilmarkts gerichtet. Zur Erreichung seiner Ziele ist das Unternehmen in der Lage, seine Stärken mit einer Effizienz einzusetzen, die in der Automobilbranche unerreicht ist. Angefangen von der Forschung und Entwicklung bis hin zu Marketing und Vertrieb sieht sich die BMW Group bei all ihren Produkten und Dienstleistungen der höchsten Qualität verpflichtet. Der enorme Erfolg des Unternehmens ist ein Beweis für die Wirksamkeit dieser Strategie. Neben ihrem Automobilgeschäft zählen die Entwicklung, die Produktion und die Vermarktung von Motorrädern sowie umfangreiche Finanzdienstleistungen für Privat- und Geschäftskunden zu den Aktivitäten der BMW Group.

▸ Automobile: Mit BMW, MINI und Rolls-Royce Motor Cars ist die BMW Group der einzige Autobauer weltweit, der eine reine Premiumstrategie in allen Marktsegmenten seiner Marken verfolgt, angefangen von exklusiven Kompaktwagen bis hin zu erstklassigen Luxuslimousinen.

▸ Motorräder: „Premium" ist auch für die Motorräder der BMW Group das Schlüsselwort. Die BMW Group hatte mit ihrer Strategie „Um die besten Motorräder entwickeln und bauen zu können, muss man technologische Umweltschutz- und Sicherheitsstandards festlegen und einen erstklassigen Kundenservice in den Phasen vor und nach dem Verkauf bieten" großen Erfolg.

▸ Finanzdienstleistungen: Die BMW Group vertritt die Ansicht, dass Finanzdienstleistungen ein Schlüsselfaktor für den Erfolg in der heutigen mobilen Welt sind. Sie hat ein umfangreiches Produktportfolio zusammengestellt, das Experteninformationen und -ratschläge zu allen Finanzierungsaspekten bietet. Die BMW Group offeriert folgende Dienstleistungen: Finanzierung und Leasing, Vermögensverwaltung, Händlerfinanzierung und Unternehmensfuhrparks. Die anderen Geschäftsbereiche der BMW Group sind Versicherungen (Bavaria Wirtschaftsagentur GmbH), IT-Consulting und Systemintegration (Softlab GmbH).

Kurzbeschreibung des Projekts

Das Projekt Online Ordering Europe der BMW Group	
Projektart	Entwicklungsprojekt
Projektdauer	24 Monate
Aufwand	75,5 Mio. DM
Teammitglieder	300
Beteiligte Organisationseinheiten	Hauptsitz und Niederlassungen in 8 Ländern

„BMW wird einen Quantensprung in Richtung kundenorientierte Produktion nach Maß vollziehen, indem der Konzern den höchsten Integritätsgrad zwischen der Produktion und den Absatzorganisationen im Automobilsektor gewährleisten wird." Diese Vision ist der Anreiz für das Projektprogramm „Kundenorientierter Verkaufs- und Produktionsprozess" (KOVP). Das Projekt Online Ordering Europe ist Teil dieses Programms. Onlinebestellung ist das Modul der gesamten Lieferkettenoptimierung von BMW (Prozessablauf von der Bestellung bis zur Auslieferung), das Kunden in den Verkaufsgesprächen vorgestellt wird.

Ziel des Projekts ist die Kundenzufriedenheit (d. h. die Endkundenzufriedenheit), wobei der direkte Kundenvorteil die Zeitersparnis ist: Die Bearbeitungszeiten werden auf Sekunden anstelle von Tagen reduziert. Nach Abschluss dieses Projekts werden Informationen, für deren Bereitstellung in der Vergangenheit mehrere Tage benötigt wurden, nun in den Verkaufsgesprächen in Echtzeit verfügbar gemacht.

Die Aufgaben der Projektorganisation sind bei BMW in 16 Teilprojekte aufgeteilt. Teilziele dieser Projekte sind:

- Errichtung der Infrastruktur
- Konversion und laufende Prozessverankerung
- Systembereitstellung
- Aufbau einer Supportorganisation (erste Ebene)
- Bereitstellung von Schulungskonzepten

Die Aufgaben der Projektorganisation in den Märkten (acht Marktprojekte) sind in folgende Teilziele unterteilt:

- Errichtung der Infrastruktur
- Konversion und laufende Prozessverankerung
- Kommunikation mit der BMW AG
- Einführung des Projektmarketings
- Einführung von Schulungsmaßnahmen
- Aufbau der Supportorganisation (zweite u. dritte Ebene)

Online Ordering Europe legt die Grundanforderungen für die Erfüllung der Kundenerwartungen fest. Basierend auf der vom Kunden gewünschten Zusammenstellung und ausgerichtet am gewünschten Liefertermin bestätigt Online Ordering Europe den Liefertermin (online und in Echtzeit) und leitet ihn an die Verkaufsstelle weiter. Folgende Echtzeitfunktionen müssen umgesetzt werden:

- Prüfung der technischen Machbarkeit der Zusammenstellung
- Ermittlung der Absatzkontingente
- Ermittlung der Werkskapazität
- Berücksichtigung möglicher Beschränkungen in Bezug auf die Materialverfügbarkeit und die Produktionskapazität
- Echtzeit-Einbeziehung der Bestellung in den Produktionsplan
- Ermittlung der Absatz- und Produktionsstättenflexibilität im Fall von Engpässen, um den bestmöglichen Liefertermin anbieten zu können (einschließlich der Anzeige von Alternativen)
- Bestätigung des Liefertermins

Alle diese Informationen werden online während des Verkaufsgesprächs innerhalb weniger Sekunden bereitgestellt.

„Online Ordering Europe" ist eine globale B2B-e-Commerce-Anwendung, die

- verschiedene geschäftliche/rechtliche Ebenen online verbindet, wobei eine Ebene mehr als 1.000 Partner umfassen kann;

- alle Händler über Extranet mit der Produktionsstätte von BMW vernetzt, um zu gewährleisten, dass dem Kunden im Verkaufsgespräch die maximale Absatz- und Produktionsflexibilität in Echtzeit geboten wird;
- Lieferterminbestätigungen innerhalb von maximal fünf Sekunden von der Produktionsstätte an die Verkaufsstelle des Kunden sendet; dies gilt sowohl bei Neubestellungen als auch bei Spezifikations- bzw. Auftragsänderungen;
- die individuelle Bestellung des Kunden direkt in den Produktionsprozess einbucht. Das bedeutet, dass alle Bestellungen umgehend auf einer zentralisierten Datenbank verfügbar sind, ohne dass manuelle Eingaben oder Supportdienste geleistet werden müssen. Dies verbessert die Effizienz von BMW und seiner Lieferkettenpartner;
- Front-End-Browser- und Multimedia-Client-Server-Technologie (zielgruppenspezifisch) integriert;
- Händler mit allen relevanten aktuellen Informationen versorgt, die sie benötigen, um den Verkauf durchzuführen (über eine aktive Bereitstellung von Informationen wie Bestellstatus, Fotos, Argumente usw.).

Online Ordering Europe stellt eine Querverbindung zwischen der Lieferkette von BMW zu einer Reihe hierarchischer Ebenen und rechtlicher Bereiche her und senkt die Reaktionszeiten drastisch.

Fluor Daniel, Niederlande (2002)

Fluor Daniel (FD) ist ein in den USA ansässiger Anbieter allgemeiner Konstruktionsprojekte mit einer großen Niederlassung in Haarlem, Niederlande. Die Fluor Corporation zählt zu den weltweit größten Konstruktions-, Beschaffungs-, Bau- und Wartungsdienstorganisationen in Staatsbesitz.

Im vergangenen Jahrhundert ist Fluor durch seine Betriebstöchter zu einem globalen Marktführer geworden. Die Gesellschaft kann in jeder Projektphase eine große Expertise und technische Kenntnisse aufweisen. Kunden vertrauen darauf, dass Fluor Lösungen bietet, die das Vermögen der Kunden optimieren, ihre Wettbewerbsposition verbessern und ihren langfristigen Geschäftserfolg steigern. Das vorrangige Ziel der laufend als einer der sichersten Anbieter bewerteten Gesellschaft ist die Entwicklung und Durchführung wichtiger Projekte gemäß dem Plan, im Rahmen des Budgets und mit operationaler Exzellenz.

Die individuelle und kollektive Expertise der internationalen Belegschaft von Fluor, die sich aus mehr als 30.000 Mitarbeitern zusammensetzt, ermöglicht kostengünstige, intelligente und zeitgerechte Lösungen. Neben den Projektbüros betreibt Fluor ein Niederlassungsnetz in mehr als 25 Ländern auf sechs Kontinenten. Die außergewöhnliche Zuverlässigkeit, Expertise und Sicherheit von Fluor kennzeichnen die Gesellschaft als Führer im globalen Baudienstleistungsmarkt.

Das Magazin Engineering News Record (ENR) zählt die Fluor Corporation stets zu den drei leistungsstärksten Unternehmen in den Listen „The Top Design-Build Firms" und „The Top 100 Contractors by New Contracts".

Fluor bedient Kunden in einem breiten Spektrum traditioneller und aufkommender Branchen weltweit, darunter Chemikalien und Petrochemikalien, gewerbliche, institutionelle und Regierungsprojekte, Biowissenschaften, Produktion, Mikroelektronik, Bergbau, Öl und Gas, Strom, Telekommunikation und Transportinfrastruktur.

Kurzbeschreibung des Projekts

Das Ruhr Oil AOP-II-Projekt von Fluor Daniel	
Projektart	Investitionsprojekt
Projektdauer	20 Monate
Aufwand	100.000 Arbeitstage
Teammitglieder	500
Beteiligte Organisationseinheiten	6

Anfang 1999 kommt die Ruhr Oil GmbH (ROG), ein Unternehmen, das zwei Raffinerien bei Gelsenkirchen in Deutschland betreibt, zu dem Schluss, dass ihre Raffinerien nicht in der Lage seien, wirtschaftlich Fahrzeugkraftstoffe gemäß den neuen Spezifikationen zu produzieren, die von der Europäischen Gemeinschaft im Rahmen des Automotive Oil Programme (AOP) verabschiedet werden sollten. Um diesen Umstand zu beheben, legt die ROG-eigene Prozessabteilung fest, welche Werke umgerüstet und welche zusätzlichen Maßnahmen ergriffen werden müssen. Das

Ergebnis sind zahlreiche Umstrukturierungen und neue Werke, die errichtet werden müssen, um die Raffinerien wieder wettbewerbsfähig zu machen. Dies stellt für die ROG ein Großprojekt dar, das den Namen AOP II erhält. ROG führte solche Projekte bisher in der Regel durch Aufteilung in eine Reihe kleinerer Projekte durch, die anschließend an Konstruktionsfirmen vergeben wurden. Die Beaufsichtigung dieser Auftragnehmer und ihrer Arbeit wurde in die Hände kleiner ROG-Projektteams gelegt, die von Experten von ROG unterstützt wurden. Das übliche Vertragsformat für diese Art von Arbeit waren Pauschaldienste mit Leistungsanreizen.

FD hat im Zusammenhang mit anderen, noch nicht umgesetzten Projekten Kontakt mit der ROG und gehört zu den Firmen, die gefragt werden, ob sie Interesse an der Durchführung eines oder mehrerer der separaten AOP-II-Projekte hätten. Der Beschluss der deutschen Bundesregierung, die Einführung von AOP-II-Kraftstoffen erheblich früher umzusetzen als von der Europäischen Gemeinschaft vorgeschlagen, bedeutet, dass die ROG unter einem hohen Zeitdruck stünde, wenn sie das AOP-Projekt auf übliche Weise durchführen würde, und die Projektabschlusstermine fielen auf ein wesentlich späteres Datum als die Einführungstermine der neuen AOP-II-Kraftstoffe. So die Lage im Mai 1999.

Während eines der zahlreichen Meetings schlägt FD der ROG vor, ein neues Projektkonzept auszuprobieren, das in Kontinentaleuropa nur sehr begrenzt und in Deutschland gar nicht angewandt wird. Diese Durchführungsmethode ist nach Ansicht von FD die einzige Möglichkeit, den erforderlichen Projektzeitplan einzuhalten. Der Vorschlag beruht darauf, umgehend mit einer grundlegenden Konstruktionsphase zu beginnen, für die nur ein integriertes Projektteam bestehend aus Mitarbeitern beider Unternehmen und bei Bedarf anderen Auftragnehmern und Konzessionsgebern zuständig ist, und im Anschluss daran die Konstruktions-, Beschaffungs- und Bauphase in Zusammenarbeit mit den zwei größten Marktteilnehmern und einer oder zwei Baufirmen umzusetzen.

Nach sorgfältiger Erwägung erklärt sich die ROG mit dieser Philosophie einverstanden. Zu diesem Zeitpunkt befindet sich das Unternehmen noch in Verhandlungen mit zwei Konkurrenten, entscheidet sich letztendlich jedoch dafür, FD mit der Projektdurchführung von der grundlegenden Konstruktionsphase an zu betrauen. Der entsprechende Vertrag wird am 28. Juni 1999 geschlossen.

Zu Beginn der grundlegenden Konstruktionsphase umfasst das AOP-II-Projekt neun Teilprojekte, zwei neue Werke, die Umstrukturierung von sechs bestehenden Werken und die komplette Aufrüstung der Energieanlagen und Außenstellen für beide Raffinerien zur Unterbringung aller Neuerungen und Änderungen. Am Prozessdesign sind sieben Konzessionsgeber und zwei externe Konstruktionsfirmen beteiligt, die allesamt vom gemeinsamen Projektteam gemanagt und koordiniert werden müssen.

UBS, Schweiz (2003)

UBS zählt zu den weltweit führenden Finanzdienstleistungsgesellschaften (Vermögensverwaltungsgeschäfte, globales Investmentbanking und Wertpapiertransaktionen) und ist ein führender Vermögensverwalter und Marktführer im Schweizer Bankgeschäft für Privat- und Geschäftskunden. Als integrierte Gesellschaft schafft UBS durch Inanspruchnahme der kombinierten Ressourcen und der Expertise all ihrer Sparten Mehrwert für ihre Kunden. Als Unternehmen verbindet sie Finanzstärke mit einer globalen Kultur, die auf Änderungen eingestellt ist.

Die Gesellschaft verfügt über eine mehr als 140-jährige Erfahrung im Bereich der Bankdienstleistungen für die Privatkundschaft, ein umfassendes globales Netz von 112 Niederlassungen in der Schweiz und 56 weltweit. Mit Investitionen von über 700 Milliarden CHF in internationale Vermögenswerte ist UBS die größte Privatbank der Welt. Das in die Vermögensverwaltungsgeschäfte von UBS investierte Vermögen, einschließlich USA, beläuft sich insgesamt auf 1,3 Billionen CHF. UBS ist eine globale Investmentbanking- und Wertpapiergesellschaft. Mit einem investierten Vermögen von 2,2 Billionen CHF, einem Eigenkapital von 35,4 Milliarden CHF und einer Börsenkapitalisierung von 95,4 Milliarden CHF zählt sie zu den mit dem höchsten Kapital ausgestatteten Finanzinstituten der Welt.

UBS ist an allen bedeutenden Finanzplätzen präsent und betreibt Niederlassungen in 50 Ländern. Sie beschäftigt 66.000 Mitarbeiter, von denen 40 Prozent in der Schweiz, 39 Prozent in Nord-, Süd- und Mittelamerika, 15 Prozent in Europa (ohne Schweiz) und sechs Prozent in Asien ansässig sind.

Kurzbeschreibung des Projekts

Das Projekt IT WRAP-Programm von UBS	
Projektart	Entwicklungsprojekt
Projektdauer	12 Monate
Aufwand	10,7 Mio. CHF
Teammitglieder	150
Beteiligte Organisationseinheiten	10

Die Revolution in der Finanzbranche hat für Privatanleger bereits begonnen. Die Tage, in denen Großkonzerne nur eigene Produkte anbieten, sind gezählt. Die Kunden verlangen mehr von ihren Kundenberatern und ihrem Finanzinstitut. Zahlreiche Wettbewerber arbeiten eher nach einem Supermarktansatz. Fondssupermärkte erfreuen sich in Europa größter Beliebtheit, aber je ausgereifter das Geschäft wird, desto stärker geraten die Gewinnspannen und die Rentabilität unter Druck. Kleine Privatbanken bieten gelegentlich Produkte Dritter an, wenn solche vom Kunden angefragt werden oder ähnliche Produkte oder Dienstleistungen intern nicht verfügbar sind. Doch die Nutzung von Fremdprodukten würde zu einer erheblichen Abweichung von der Unternehmensperspektive und möglicherweise zu uneinheitlichen Anlageergebnissen führen.

UBS spielt durch Anwendung eines strukturierten Ansatzes mit dem Ziel der Wertschöpfung für ihre Kundenanlagelösungen eine branchenprägende Rolle. Dieser Ansatz bewährt sich für den Verkauf interner und externer Produkte durch UBS sowie für Kombinationen aus beiden.

Das DV-Programm WRAP begleitet den gesamten Beratungs- und Verkaufsprozess der UBS-Anlageberater und versorgt sie mit allen Daten, die sie für die Investment-Beratung brauchen. Dazu gehören u. a. Marktdaten und Investmentnachrichten. Es gestattet die Durchrechnung verschiedener Modelle und Szenarien für die Zusammenstellung von Investment-Portfolios und macht Anlagestrategien für den Kunden transparent.

T-Systems International, Spanien (2004)

T-Systems nutzt seine Kenntnisse über spezifische Branchen und moderne Technologie zur Erweiterung seiner Kundenprozesse, zur Kostensenkung und zur Rentabilitätssteigerung. Der offizielle Firmenname lautet T-Systems International GmbH und die Gesellschaft hat ihren Hauptgeschäftssitz in Frankfurt/Main, Deutschland. T-Systems verfügt über eine Belegschaft von rund 41.000 Mitarbeitern und ist in mehr als 20 Ländern präsent, darunter in Spanien. Das Dienstleistungsspektrum von T-Systems umfasst:

▸ Systemintegration (Einführung neuer Infrastrukturen, Integration neuer Lösungen in vorhandene Prozesse und Systeme)

▸ Computing-Dienste (Verwaltung der Datenzentren, Kommunikationsnetze und Anwendungen)

▸ Desktop-Dienste (Einrichtung und Betrieb von Desktop-Systemen)

▸ Netzwerkdienste (globale Verbindung von Geschäftsprozessen über Netzwerke mit hohem Zuverlässigkeits- und Verfügbarkeitsgrad)

- Internationale Betreiberdienste und -lösungen (Telekommunikationsprodukte und -dienstleistungen für internationale Betreiber)

Die Kernkompetenzen von T-Systems liegen in den Branchen Telekommunikation, Serviceleistungen und Finanzdienste, öffentliche Dienste und Gesundheitswesen sowie Produktion. Die Umsatzerlöse von T-Systems belaufen sich im Geschäftsjahr 2003 auf 10,6 Milliarden Euro. T-Systems ist ein führender Anbieter von Serviceleistungen in der Informations- und Kommunikationstechnologie (ICT). Ferner entwickelt und verwaltet die Gesellschaft innovative Lösungen, die ihren Kunden eine hohe Geschäftsflexibilität und eine große Wertschöpfung bieten. T-Systems offeriert hochprofessionelle ICT-Dienste für ihre Hauptkunden in den Bereichen Telekommunikation und Produktion, im öffentlichen Sektor und im Gesundheitswesen sowie in der Dienstleistungs- und Finanzbranche.

Ziel von T-Systems ist der Aufbau langfristiger und nachhaltiger Partnerschaften, die mit der Zeit erweitert werden können. Die Gesellschaft ist Expertin in der Entwicklung und Nutzung unabhängiger der integrierter IT- und Telekommunikationslösungen. Daher befindet sie sich in einer einmaligen Position, um den maximalen Wert für ihre Kunden herauszuholen.

Der Trend hin zur Globalisierung setzt sich ungebrochen fort. Unternehmen brauchen daher regionen- und kontinentenübergreifende Telekommunikations- und IT-Lösungen. In Reaktion darauf ist T-Systems dort präsent, wo ihre Kunden Geschäfte treiben – rund um den Globus.

Kurzbeschreibung des Projekts

Das Projekt OAC – Open Administration Catalunya von T-Systems und Generalitat de Catalunya	
Projektart	Investitionsprojekt
Projektdauer	18 Monate bis zur Bewerbung für den PM-Award
Aufwand	187.500 Arbeitstage bis zur Bewerbung für den PM-Award
Teammitglieder	250
Beteiligte Organisationseinheiten	3

Das Projekt Open Administration of Catalonia (OAC) ist eine e-Government-Initiative der regionalen und lokalen öffentlichen Verwaltung, die im Einklang mit e-Europe 2005 in den Catalan Information Society Strategic Plan (Catalunya en Xarxa) 1999–2003 integriert wurde. Ferner stellt es eine Initiative für die Umgestaltung interner Verfahren und die Verbesserung des Berufsprofils der öffentlichen Bediensteten dar. Es ist ein umfassendes Projekt der öffentlichen Verwaltung. Es umfasst die

▸ Definition der technischen Plattform,
▸ digitale Signatur,
▸ Callcenter,
▸ Kundenbeziehungsmanagement (CRM),
▸ Umstrukturierung des Arbeitsablaufs,

- e-Payment (elektronische Bezahlung),
- e-Procurement (elektronische Beschaffung) und
- Intranet der Gesellschaft.

Es bestand bereits eine Vereinbarung zwischen dem Kunden und den lokalen Verwaltungen von Katalonien, die im Juli 2001 durch das katalanische Parlament beschlossen wurde. Sie trug zur Förderung und Entwicklung der Informationskultur in den öffentlichen Verwaltungen von Katalonien bei. Im November 1998 wurde zur Entwicklung der Informationskultur ein institutioneller Vertrag im Parlament von Katalonien unterzeichnet. Dieser Vertrag führte dazu, dass ein globales Projekt in Bezug auf die Nutzung der Informations- und Kommunikationstechnologie ins Leben gerufen wurde. Dieses Projekt war in sieben Bereiche unterteilt, in denen die Lage und die Optionen für Katalonien analysiert wurden, um die Maßnahmen festzulegen, die es Katalonien erlauben würden, sich an vorderster Front zu positionieren.

Die sieben Bereiche des Strategieplans waren:

1. Schaffung eines Rahmens für die Informationskultur durch Förderung von Forschung und Entwicklung für die Informationskultur, Erhöhung der Präsenz von Katalonien im Netzwerk sowie Festlegung und Umsetzung eines Regulierungsrahmens.

2. Aus- und Fortbildung zur Bewältigung zukünftiger Herausforderungen. Es ist wichtig, den Umgang mit Informationstechnologieprogrammen und das Arbeiten in der neuen Informationskultur zu lernen.

3. Industrie, Handel und Inhalt: Mit den Initiativen in diesem Sektor soll sichergestellt werden, dass die Informations- und Kommunikationstechnologie vollständig assimiliert und vom Unternehmenssektor genutzt wird, sodass die lokalen Industriezweige eine starke Führungsposition einnehmen können.

4. Aufbau der Infrastruktur und der Grunddienstleistungen durch Erhöhung der Kapazität aller Netzwerkkomponenten sowie der Anzahl der Verbindungsknoten und durch Anpassung der Stabilisierung in Bezug auf die neuen Technologien.

5. Verwaltung und Serviceleistungen für die Bürger: neue Methoden zur sofortigen Bereitstellung von Serviceleistungen und nützlichen Informationen für die Bürger in digitaler Form zu minimalen Kosten 24 Stunden täglich und Vereinfachung der Verwaltungsverfahren.

6. Gesundheitswesen und Lebensqualität: Der Schwerpunkt liegt auf der Verbesserung der Pflegequalität für Patienten durch die Nutzung von Informationstechnologien und der Einbeziehung der Digitalisierung diverser Verfahren in die routinemäßige Gesundheitspflege, darunter die Krankengeschichten (Anamnese).

7. Gesellschaftlicher und kultureller Wandel: Bereitstellung und Ausbau der Kommunikation über die Erfahrung und die kulturelle und wirtschaftliche Kompetenz von Katalonien durch Beteiligung an einem kulturellen elektronischen Netzwerk aller öffentlichen Interessengemeinschaften und anderer Organisationen.

Das OAC-Projekt stellt einen ersten Schritt zur Bewältigung der Herausforderung der Modernisierung der Verwaltungen sowie der Anpassung der ineffizienten Prozesse und Standards, der Verbesserung der Beziehungen zu Kunden und Anbietern und der Erleichterung des Dialogs mit anderen Verwaltungen dar. Dieses neue Beziehungsmodell ebnet den Weg für eine Mehrkanalstrategie, die alle von der Verwaltung angebotenen Serviceleistungen integriert und sich auf den Bürger als wichtigen Bestandteil des Projekts konzentriert.

Der OAC-Rahmen umfasst zudem vier weitere Projekte. Dazu zählten:

1. A2C: (Administration to Consumer or to Citizen – „Verwaltung für Verbraucher oder Bürger"). Vollständig elektronische Erbringung von Serviceleistungen basierend auf den „wesentlichen Fakten und Absichten" der Bürger oder Unternehmen. Diese Serviceleistungen werden in neun unterschiedliche Bereiche eingeteilt: Zugang zu Gesundheitsdiensten, Wohnungssuche, Kinderpflege usw. Das Portal, www.CAT635.net, ermöglicht die Durchführung von Verwaltungsvorgängen rund um die Uhr.

2. A2E: (Administration to Employee – „Verwaltung für Mitarbeiter"). Intranet der Gesellschaft. Das Portal für öffentliche Bedienstete der katalonischen Verwaltung. Ihr Hauptzweck besteht darin, die einzige Plattform für alle Verwaltungsangestellten der Organisation (der Arbeitsbereich für den Mitarbeiter) zu werden und die Beziehung zwischen der Organisation und ihrer Belegschaft zu verbessern.

3. A2B: (Administration to Business – „Verwaltung für Unternehmen). e-Cataleg. Die neue Plattform des Ma-

nagement-Supply-Systems zur Schaffung eines Bereichs für die gesamte öffentliche Verwaltung Kataloniens.

4. A2A: (Administration to Administration – „Verwaltung für die Verwaltung") Extranet der Verwaltung. Dieses Projekt umfasst den Aufbau eines Netzwerks, das Kunden mit anderen lokalen Verwaltungen verbindet.

Benchmarking und Projekt-Benchmarking

Mit Benchmarking[2] ist die Suche nach Unternehmen gemeint, die eine Top-Position in einem bestimmten Geschäftssegment halten, und das Lernen, wie sie diese Position erreicht haben. Diese Vorgehensweise hilft, Prozesse zu optimieren und standardisiert anzuwenden, Trends vorherzusehen und leistungsstarke, konkurrenzfähige Teams aufzubauen. Benchmarking ist also ein strukturierter Prozess des Lernens von den Besten.

Projekt-Benchmarking (PBM)[3] hilft, einerseits Projekte und andererseits Werkzeuge und Methoden des Projektmanagements besser zu verstehen. Es ist ein Instrument zur Optimierung des Projekts und des Projektmanagements durch

---

[2] Boutellier, R.; Baumbach, M., Schwarz, G.: Benchmarking Arbeitskreise, Erfolgreiche Praktiken statt 'Best Practices'. In Absatzwirtschaft 6/1997, S. 48–53
[3] Ottmann, R.: Project Benchmarking, Documentation of the German Project Management Forum 1998, Dresden 1998

- die systematische Ermittlung und Analyse der wichtigsten Prozesse im Projekt,
- den Vergleich mit den besten Verfahrensweisen (Best Practices),
- den Gedankenaustausch über das Projekt und
- die Implementierung der erkannten Verbesserungen.

Mittels PBM werden Projektstrukturen, -prozesse und -ergebnisse analysiert. Damit gewinnt man Daten und Kenntnisse, die helfen,

- Projektmanagement zu optimieren,
- Informationstechnologie (IT) besser einzusetzen,
- kontinuierliche Verbesserungen für das Projekt zu erzielen und
- das Unternehmen hin zu einer „lernenden Organisation" zu entwickeln.

PBM schafft Transparenz und vermittelt ein klares Bild von den Stärken und Verbesserungsbereichen eines Projekts und dessen Entwicklungspotenzial. Es zeigt Erfolge in der Projektarbeit an und ermöglicht es, Fähigkeiten und Ressourcen kurzfristig besser zu nutzen.

Neue Denkweisen, aus vorbildhaften Projekten „importiert", geben Inspiration für Visionen und führen zu neuen Projektmanagement-Modellen. Selbstverständlich lassen sich auch die Projektergebnisse verbessern. Ein Beispiel: Konsequentes Konfigurationsmanagement, das die Änderungen von Zielen während des Vorhabens unter Kontrolle hält, eine projektbegleitende Kostenkontrolle und Vorgehensmodelle waren zunächst nur in der Raumfahrt und im

Verteidigungsbereich üblich. Nach und nach übernahmen es Firmen auch für zivile Projekte.

> **Auf den Punkt gebracht**
>
> Man kann nur lernen, wenn man über den Zaun schaut. Nichts anderes bedeutet, etwas vereinfacht, Benchmarking.

Das Modell für Project Excellence

Das Modell für Project Excellence (MfPE) wurde mit dem Ziel entwickelt, eine Struktur für die Projektbewertung zu erhalten. Projektteams und -organisationen nutzen es zum einen, um herauszufinden, in welchen Bereichen sie ihre Projektarbeit verbessern können, und zum anderen, um zu erfahren, wie gutes Projektmanagement in seiner Gesamtheit aussehen und was es leisten kann. Dies ist ein wichtiger Schritt hin zur Project Excellence. Das Modell basiert auf folgenden Erkenntnissen:

▶ **Kundenzufriedenheit:** Bei gut gemanagten Unternehmen und Projekten ist der Kunde mit allen seinen Problemen König. Deshalb müssen die Projektbeteiligten seine Bedürfnisse und Wünsche vollständig verstehen.

▶ **Mitarbeiterfortbildung und -engagement:** Das Potenzial der Mitarbeiter kann nur in einem Klima des Vertrauens und der Offenheit ausgeschöpft werden.

▶ **Partnerschaft mit Lieferanten:** Eine auf Vertrauen und Kooperation basierende Geschäftsbeziehung zwischen Auftraggeber und Auftragnehmer ist für beide Seiten förderlich.

▶ **Unternehmensführung:** Vorbildliche Führungskräfte formen die Kultur der Organisation und lenken die Ressourcen und alle Tätigkeiten so, dass herausragende Leistungen möglich sind. Daher ist eine hohe Führungsqualität ein Muss.

▶ **Soziale Verantwortung:** Erstklassige Unternehmen wissen, dass sie niemals Entscheidungen losgelöst von ihrer Umwelt treffen können. Ethik und Verantwortung gegenüber der Gesellschaft spielen bei allen Entscheidungen eine wesentliche Rolle.

▸ **Prozesse und Fakten:** Alle Aktivitäten (Prozessschritte) werden systematisch durchgeführt. Die Prozesse (Aneinanderreihung von Prozessschritten) unterliegen einer laufenden Verbesserung, basierend auf Fakten (Messergebnissen, Audits, Reviews etc.).

▸ **Ergebnisse:** Die Erwartungen und Anforderungen aller beteiligten Parteien an das Projekt müssen in ein Gleichgewicht zueinander gebracht werden, um herausragende Ergebnisse zu erhalten.

Die Bewertungswerkzeuge

Das MfPE bewertet Projekte nach neun Kriterien, die in der folgenden Abbildung aufgeführt und nachstehend erläutert werden. Sie sind in zwei Bereiche unterteilt:

▸ Projektmanagement (Wie wird das Projekt gemanagt?) und

▸ Projektergebnisse (Was soll mit dem Projekt erreicht werden? Was kommt dabei heraus?).

Insgesamt können 1.000 Punkte vergeben werden.

Bei den Projektergebnissen kommt der Zufriedenheit des Kunden und der Einhaltung der „harten" Projektziele (Termin, Kosten und zugesagte Qualität und Funktionalität) aus naheliegenden Gründen ein besonders hoher Stellenwert (und eine entsprechend hohe Punktzahl) zu. Nur wenn der interne oder externe Kunde auf lange Sicht mit dem Projektergebnis zufrieden war, sind Anschlussaufträge zu erwarten. Die genaue Punktverteilung ist nicht wissenschaftlich begründbar, basiert aber auf einem breiten Konsens von Fachleuten.

Bewertungskriterien für Projektmanagement und Projektergebnisse

Projektmanagement (500 Punkte)

Die Auswahl der Kriterien im Projektmanagementteil ist nicht willkürlich und damit angreifbar, sondern wird durch zahlreiche wissenschaftliche Untersuchungen bestätigt.[4]

---

[4] Hendricks, K. B.; Singhal, V. R.: Quality Awards and the Market Value of Firm: An Empirical Investigation, Management Science, Band. 42, Nr. 3, 1996; Gemünden, H. G.: Erfolgsfaktoren des Projektmanagements – ein State of the Art Report, Documentation of the Project Management Forum 1992, Mannheim 1992; Lechler, Th.: Erfolgsfaktoren des Projektmanagements. Frankfurt am Main 1997

Kriterium 1: Projektziele (140 Punkte)

Es wird bewertet, wie

- die für die Kriterien 6 bis 8 (das sind die Punkte „Kundenzufriedenheit", „Mitarbeiterzufriedenheit" und „Zufriedenheit bei sonstigen Interessengruppen") ermittelten Erwartungen und Anforderungen der Parteien identifiziert und aufgelistet sind;

- die Projektziele ausgearbeitet sind und wie konkurrierende Interessen auf der Grundlage umfassender und relevanter Informationen integriert werden;

- die Projektziele vermittelt, verwirklicht, geprüft und angepasst werden.

Kriterium 2: Führung (80 Punkte)

Es wird bewertet, ob die jeweiligen Manager

- ein glaubwürdiges Vorbild für Project Excellence sind und Verbesserungen im Rahmen des Projekts effektiv fördern und aktiv unterstützen;

- sich intensiv um ihre Kunden, Lieferanten und andere Organisationen kümmern.

Kriterium 3: Mitarbeiter (70 Punkte)

Es wird bewertet, wie

- das Mitarbeiterpotenzial gesehen, zur Erreichung der Projektziele genutzt, aufrechterhalten und weiterentwickelt wird;

- die Mitarbeiter einbezogen werden, sich beteiligen und autorisiert sind, unabhängig zu handeln.

Kriterium 4: Ressourcen (70 Punkte)

Es wird bewertet, wie im Rahmen des Projekts Folgendes geplant und gesteuert wird:

- Finanzielle Ressourcen
- Informationen
- Lieferanten und ihre Dienstleistungen
- Sonstige Ressourcen

Kriterium 5: Prozesse (140 Punkte)

Es wird bewertet, ob

- die für den Projekterfolg benötigten Prozesse systematisch erkannt, gesteuert, geprüft, angepasst und optimiert werden;
- die Projektmanagementmethoden und -systeme effizient angewandt und verbessert werden;
- im Rahmen des Projekts frühere und aktuelle Erfahrungen verwendet und dokumentiert werden, sodass andere Vorhaben davon profitieren können (Lernen aus Projekten).

Bewertung des Projektmanagements

Das Projektmanagement zu bewerten bedeutet, die Qualität des Prozesses zu betrachten. Dazu muss das Projekt unter Anwendung der Kriterien 1 bis 5 beurteilt werden. Das Grundwerkzeug hierfür ist die Tabelle zur Bewertung des Projektmanagements.

Letztlich wird pro Unterpunkt eines Kriteriums ein Prozentwert ermittelt und mit dem hierfür vorgesehenen Punktespiegel multipliziert. Zusammen mit der Begründung für Stärken, den Verbesserungsbereichen und Themen für den Vor-Ort-Besuch ergibt sich eine sehr solide Grundlage für das gemeinsame Gespräch der Assessoren.

Die Tabelle für Projektmanagement bewertet inwieweit das Vorgehen **exzellent** ist.						
fundiertes Vorgehen	Systematik und Prävention	Überprüfung	Verfeinerung und verbesserte geschäftliche Effektivität	Integration in die normale Projektarbeit und Planung	Vorbild für andere Projekte	%
viele, klare Nachweise	viele, klare Nachweise	häufig und regelmäßig	viele, klare Nachweise	vollkommene Integration	könnte als Vorbild dienen	100
klare Nachweise	klare Nachweise	häufig	klare Nachweise	sehr gute Integration	-	75
Nachweise	Nachweise	gelegentlich	Nachweise	gute Integration	-	50
einige Nachweise	einige Nachweise	selten	einige Nachweise	teilweise Integration	-	25
keine Nachweise					-	0

Tabelle zur Bewertung des Projektmanagements

Projektergebnisse (500 Punkte)

Kriterium 6: Kundenzufriedenheit (180 Punkte)

Es wird bewertet, wie verschiedene Repräsentanten des Kunden die Projektleistungen beurteilen.

Kriterium 7: Mitarbeiterzufriedenheit (80 Punkte)

Es wird bewertet, wie Mitarbeiter und Führungskräfte das Projekt, die Teamarbeit innerhalb des Projekts und die Projektergebnisse beurteilen.

Kriterium 8: Zufriedenheit bei sonstigen Interessengruppen (60 Punkte)

Es wird bewertet, wie die verschiedenen anderen am Projekt beteiligten oder interessierten Parteien (Stakeholder), wie z. B. betroffene Bürger oder Kommunen bei Infrastrukturprojekten das Projekt wahrnehmen.

Kriterium 9: Zielerreichung (180 Punkte)

Es wird gemessen, inwieweit das Projekt seine klassischen Ziele erreicht (d. h. Leistungserbringung, Budgeteinhaltung, Termineinhaltung) und inwieweit mit der erbrachten Leistung zusätzlich andere Ziele erreicht werden.

Bewertung der Projektergebnisse

Im Bereich Projektergebnisse wird die Qualität der Ergebnisse unter Verwendung der Kriterien 6 bis 9 bewertet. Das Basiswerkzeug hierfür ist die Tabelle zur Bewertung der Projektergebnisse.

Die Tabelle Projektergebnisse bewertet inwieweit die Ergebnisse **exzellent** sind.				
Vergleiche mit eigenen Zielen	Vergleiche mit anderen Projekten	Kontinuität	Ergebnisse sind auf das Vorgehen zurückzuführen	%
ausgezeichnete Vergleiche in allen Bereichen	ausgezeichnete Vergleiche in allen Bereichen	positive Trends oder anhaltend hervorragende Leistungen in allen	vollkommen	100
günstige Vergleiche in den meisten Bereichen	günstige Vergleiche in den meisten Bereichen	positive Trends oder anhaltend sehr gute Leistungen in den meisten	die meisten	75
günstige Vergleiche in einigen Bereichen	günstige Vergleiche in einigen Bereichen	positive Trends oder anhaltend gute Leistungen in vielen Bereichen	viele	50
günstige Vergleiche in wenigen Bereichen	günstige Vergleiche in wenigen Bereichen	-	einige	25
keine Vergleiche	keine Vergleiche	-	nicht erkennbar	0

Tabelle zur Bewertung der Projektergebnisse

Stärken und Verbesserungspotenziale

Das folgende Netzdiagramm zeigt für ein Beispielprojekt die Stärken und Verbesserungspotenziale. Um einen Vergleich zu ermöglichen, ist die Grafik mit dem MfPE-Profil hinterlegt.

Das Bild zeigt beispielsweise, dass die Mitarbeiterzufriedenheit relativ niedrig – ein bei Projektbewertungen häufiger Befund – und das Engagement der Führung für das Vorhaben gering war.

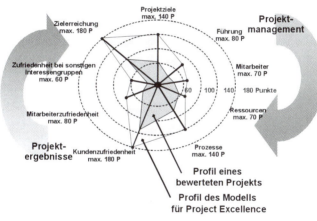

Ein im Netzdiagramm dargestelltes Projektprofil

Der Projektmanagement-Award PMA

Der PMA wurde 1996 entwickelt und 1997 erstmals vergeben. Grundlage ist das zweigliedrige Bewertungssystem, das die Assessoren auf die Projekte der einzelnen Bewerber anwenden. Je ein Team aus fünf Assessoren einschließlich eines Teamleiters begutachtet ein Projekt. Alle Assessoren wurden zuvor von der GPM nach ihrer Erfahrung im Projektmanagement, in der jeweiligen Projektart und in der Branche des zu bewertenden Projekts evaluiert, ausgewählt, als Assessor ausgebildet und auf ein Bewerberprojekt gesetzt.

Eine aus acht erfahrenen Mitgliedern bestehende Jury wählt letztendlich die Finalisten, Preisträger und den Gewinner des PMA aus.

Welche Projektteams können sich bewerben?

Das Projekt, das eingereicht wird, muss eine Reihe von Voraussetzungen erfüllen. So müssen mindestens drei Mitarbeiter daran arbeiten und drei voneinander unabhängige Unternehmensbereiche beteiligt sein. Die Zahl der aufgewendeten Mitarbeitertage darf 100 nicht unterschreiten.

Ziele des Projektmanagement-Awards

Der PMA ermittelt Beispiele für herausragendes Projektmanagement und fördert die Professionalität in dieser Disziplin.

Wenn ein Team das MfPE dazu verwendet, seine eigenen Leistungen darzustellen, wird es automatisch Verbesserungsmöglichkeiten finden und nutzen. Es erhält außerdem ein detailliertes schriftliches Feedback von den Assessoren.[5]

Da das MfPE mit Standards für die Befragung und die Bewertung arbeitet, weiß jeder Projektmanager genau, woran er hinsichtlich der Qualität

- des Prozesses und des Umfangs des Projektmanagements sowie
- der Ergebnisse und der Rückverfolgung der Ergebnisse zu den Methoden des Projektmanagements ist.

---

[5] Ottmann, R.; Rackelmann, G.: IPMA – Internationaler Projektmanagement-Award – Broschüre zur Project Excellence (Award Application Ed.), Nürnberg 2003

Analyse und Erörterung der vorgestellten Projekte

Die sieben Gewinner der Projektmanagement-Awards reichen nicht für eine statistische Analyse aus. Allerdings können die ermittelten Best Practices qualitativ, also mittels Textanalyse, untersucht und erörtert werden. Die Projektmanagement-Methoden der Award-Gewinner, die zum Erreichen der Excellence beigetragen haben, nennen wir Best Practices. Wir sind uns aber dessen bewusst, dass auch sie in den kommenden Jahren verbessert, ausgebaut, ersetzt oder z. B. wegen neuer Erkenntnisse sogar verworfen werden könnten.

Gesammelte Ergebnisse der Gewinnerprojekte

Die durchschnittliche Punktzahl für nachgewiesene Projektergebnisse lag bei den sieben PMA-Gewinnern bei 281 von 500 möglichen Punkten. Die 20 Preisträger und Finalisten erreichten durchschnittlich 185 Punkte.

Aus diesem Ergebnis geht hervor, dass selbst die besten Projekte noch Spielraum für Verbesserungen haben, insbesondere bei den Kriterien „Mitarbeiterzufriedenheit" und „Zufriedenheit bei sonstigen Interessengruppen". Wären für diese Kriterien ähnlich gute Ergebnisse erzielt worden wie bei der Kundenzufriedenheit und der Zielerreichung, hätten diese Projekte 305 anstelle von 281 Punkten erhalten. Es ist also nach wie vor notwendig, die Methoden weiterzuentwickeln, damit auch die anderen am Projekt beteiligten Parteien zufrieden sind.

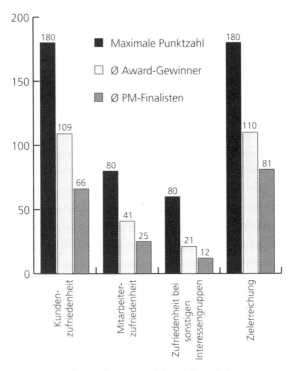

Punktevergleich im Bereich Projektergebnisse

Die durchschnittliche Punktzahl für nachgewiesene Projektmanagement-Methoden lag bei den sieben PMA-Gewinnern bei 296 von möglichen 500 Punkten. Die 20 Preisträger und Finalisten erreichten durchschnittlich

214 Punkte. Die Jury betrachtete diese 27 Projekte als die besten unter allen Bewerbungen für den Award.

Die durchschnittliche Punktzahl der Projekte der Award-Gewinner zeigt den theoretischen Spielraum für Verbesserungen der 27 Projekte auf. Selbst die besten Projekte haben noch Spielraum für Verbesserungen, insbesondere bei den Kriterien Ressourcen, Führungskompetenz und Mitarbeiter.

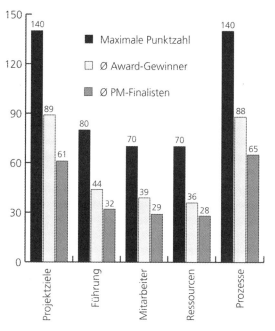

Punktevergleich im Bereich Projektmanagement

Die Assessoren haben 75 Best Practices ermittelt, von denen 44 von allen Award-Gewinnern und die übrigen mindestens in einem der Projekte, abhängig von der Projektart, angewandt wurden. Die Bewerter gaben nicht genau an, in welcher Weise diese Best Practices umgesetzt wurden. Dennoch kann die Liste der Best Practices jedem Projektmanager als Checkliste für das angewandte Projektmanagement im eigenen Projekt dienen.

Die Methoden sind in folgende fünf Bereiche eingeteilt:

- Teamführung
- Maschineneinsatz
- Management des Projektumfelds
- Planungswerkzeuge und -methoden
- Realisierung der Projektergebnisse

Diese Bereiche wurden auf Basis des Systemansatzes und der Integration der ICB IPMA Competence Baseline abgeleitet.

In den weiteren Ausführungen werden die jeweils relevanten Tabellenabschnitte abgebildet. Dabei wird immer auf die Referenz der Tabelle (z. B. {Ref. 47} – Anwendung eines Projektstrukturplans) Bezug genommen. Die Referenznummer ergibt sich aus der Textanalyse der Feedbackberichte und dem Erscheinen der Best Practice.

Lesen der Referenzen

Die Referenz 1 (S. 62) – Management der Stakeholder – war die erste Best Practice, die im Award-Gewinnerprojekt des Jahres 1998 benannt bzw. als solche von den Assessoren identifiziert wurde.

Von allen Award-Gewinnern angewandte Best Practices

In diesem Abschnitt beschäftigen wir uns mit den Best Practices, die alle Award-Gewinner angewandt haben.

Teamführung

Referenz	Methode/Werkzeug/Technik - Allgemeine Best Practices
8	Einbeziehung der betroffenen Personen
9	Berücksichtigung konkurrierender Interessen bei der Zielformulierung
10	Aufbau eines Kernteams, Teilung der Verantwortung und Autorisierung
11	Ernennung von Mentoren und Einrichtung eines Lenkungsausschusses
13	Regelmäßige Einbeziehung von Kunden und Mitarbeitern
18	Einbindung von Experten
23	Das obere Management unterstützt die Projektziele
25	Das Management lässt auf Worte Taten folgen
26	Aufstellung von Faktoren bezüglich der Kompetenz, Fähigkeit und Motivation der Teammitglieder
28	Erkennen, Fördern, Nutzen und Aufrechterhalten des Potenzials der Teammitglieder
29	Einführen von Schulungsmaßnahmen für das Team
30	Feststellen der persönlichen Stärken der Teammitglieder
39	Abhaltung regelmäßiger Besprechungen
59	Schaffung einer hierarchischen Struktur der Projektorganisation

Die Best Practices im Bereich Teamführung lassen sich wie folgt unterteilen:

▸ Arbeitsteilung und Organisation {Ref. 10}, {Ref. 11}, {Ref. 59}

- Kundenanforderungen und Mitarbeiterverantwortung, {Ref. 8}, {Ref. 9}, {Ref. 13}, {Ref. 18}, {Ref. 39}
- Personal für die Projektarbeit {Ref. 26}, {Ref. 28}, {Ref. 29}, {Ref. 30}
- Unterstützung durch das obere Management {Ref. 23}, {Ref. 25}

Gemeinsam bilden diese vier Kategorien das Gerüst für erstklassiges Projektmanagement.

Arbeitsteilung und Organisation

Mit der Strukturierung in Aufgabenbereiche und Arbeitspakete wird die Grundlage der Koordination und Bearbeitung des Projekts im Team geschaffen. Personal- und Sachressourcen können den Arbeitsbereichen zugewiesen werden und Informationen und Entscheidungen zielgerichtet und zeitnah weitergegeben werden.

- Die Schaffung einer hierarchischen Struktur der Projektorganisation,
- die Ernennung von Mentoren und die Einrichtung eines Lenkungsausschusses sowie
- der Aufbau eines Kernteams und die Teilung der Verantwortung und Autorisierung,

sind die Grundelemente für die Aufbauorganisation des Projekts.

Kundenanforderungen und Mitarbeiterverantwortung

Unternehmen sollten sich darauf konzentrieren, die Anforderungen ihrer Kunden zu erfüllen. Da alle Projektbeteiligten (Stakeholder) die Qualität der Projektleistung beeinflussen können, ist es notwendig, dass sich der Projektleiter einen an den Stakeholdern orientierten Führungsstil aneignet und auf die Einbeziehung der betroffenen Personen in das Projekt achtet. Dazu gehören

- die Berücksichtigung konkurrierender Interessen bei der Zielformulierung,
- die Einbindung von Experten,
- die regelmäßige Einbeziehung von Kunden und Mitarbeitern und
- die Abhaltung regelmäßiger Besprechungen.

Personal für die Projektarbeit

Die Personalplanung hat eine erhebliche wirtschaftliche Bedeutung für ein Projekt, da die Termineinhaltung sowie die Projektkosten und -ergebnisse ganz erheblich von der Quantität und Qualität der Mitarbeiter abhängen. Um die Projektaufgaben durchführen zu können, müssen sie über Qualifikationen, Ausbildung und Erfahrung verfügen, die zu den Anforderungen des Projekts passen. Stellenbeschreibungen und Anforderungsprofile sind die wichtigsten Informationsquellen, um den qualitativen Personalbedarf festzustellen. Die folgenden Punkte sind besonders relevant:

- Aufstellung eines Profils zur Kompetenz, Befähigung und Motivation der Teammitglieder
- Erkennen, Fördern, Nutzen und Aufrechterhalten des Potenzials der Teammitglieder
- Einführen von Schulungsmaßnahmen für das Team
- Feststellen der persönlichen Stärken der Teammitglieder

Unterstützung durch das obere Management

Projekte bedürfen in aller Regel der Unterstützung durch das obere Management, um erfolgreich zu sein. Die Führungsspitze muss sich über die Bedeutung einer beispielhaften Leitung im Klaren sein. Aus den Projekten der Award-Gewinner wurden hierzu zwei Best Practices ermittelt:

- Das obere Management unterstützt die Projektziele und
- lässt Worten Taten folgen.

Auf den Punkt gebracht

- Eine sorgfältige Strukturierung des Projekts in Teilprojekte, Teilaufgaben und Arbeitspakete schafft Transparenz und die Grundlage für eine erfolgreiche Planung und Realisierung des Projekts.
- Kunden müssen in das Projekt eingebunden werden.
- Die richtige Quantität und Qualität der Mitarbeiter ist die wichtigste Voraussetzung für den Projekterfolg
- Das Topmanagement muss hinter dem Projekt stehen.

Maschineneinsatz

Referenz	Methode/Werkzeug/Technik - Allgemeine Best Practices
35	Einsatz der neuesten technischen Entwicklungen
38	Verwendung moderner technischer Geräte für den Daten- und Wissensaustausch
45	Computergestützter Support für das Projektmanagement

Informationen, wie sie bspw. in Verträgen, Manuals, Arbeitsanweisungen und Arbeitspaketen enthalten sind, müssen während des gesamten Projektverlaufs verfügbar sein. Aber auch das Berichtssystem ist ein wichtiges Element des Projektmanagements, gibt es doch Aufschluss über den letzten Arbeitsstatus, Entscheidungen und den laufenden Schriftverkehr. Es gilt, ein System so zu organisieren, dass alle Beteiligten einen schnellen, einfachen Zugang zu den für ihre Projektaufgaben erforderlichen Informationen haben.

Die Verwendung von Technologien, die dem neuesten Stand der Technik für den Daten- und Wissensaustausch {Ref. 38}, z. B. Nutzen von Blackberries, entsprechen, darf nicht als Trendsetting missverstanden werden, vielmehr ist es die Basis für effiziente Projektarbeit.

Dasselbe gilt für den Einsatz der neuesten technischen Entwicklungen {Ref. 35}, z. B. Internettelefonie und Videokonferenzen, und den computergestützten Support für das Projektmanagement {Ref. 45}, z. B. Webhosting von Projekten.

Die Anwendung dieser Best Practices unterstützt das Projektmanagement im technischen Sinn.

> **Auf den Punkt gebracht**
>
> Der Einsatz leistungsfähiger Projektmanagement-Software und neuester Kommunikationstechnologie ist unabdingbar.

Management des Projektumfelds

Referenz	Methode/Werkzeug/Technik - Allgemeine Best Practices
1	Management der Stakeholder
2	Analysieren und Strukturieren der Repräsentanten des Kunden
4	Analysieren des externen Umfelds und Überwachen der Märkte
43	Ermitteln relevanter zusätzlicher Projektfakten
55	Austauschen von Projektwissen und -erfahrungen

- Wie sieht das Umfeld des Projekts aus?
- Welche Personen und Personengruppen sind vom Projekt und/oder seinem Ergebnis betroffen und/oder nehmen auf das Projekt Einfluss?
- Wo liegt Konfliktpotenzial?

Diese Fragen nehmen im Projektmanagement eine herausragende Stellung ein.

Folgende Analyse- und Managementtechniken erlauben es dem Projektmanager, die Stakeholder in das Projekt einzubeziehen und das Projektumfeld zu erfassen:

- Management der Stakeholder {Ref. 1}
- Analysieren und Strukturieren der Repräsentanten des Kunden {Ref. 2}
- Analysieren des externen Umfelds und Überwachen der Märkte {Ref. 4}
- Ermitteln relevanter zusätzlicher Projektfakten {Ref. 43}
- Austauschen von Projektwissen und -erfahrungen

Die Stakeholder lassen sich in folgende große Gruppen einteilen:

- Kunden,
- Mitarbeiter in unterschiedlichen Rollen wie Mitglieder des Projektteams, Projektleiter, Controller usw.
- Eigentümer des Unternehmens, das das Projekt realisiert,
- die Gesellschaft bzw. relevante Märkte. Dazu gehören z. B. Konkurrenten, Anlieger, Behörden und Bürgerinitiativen.

Der Kunde kann wie die Mitarbeiter in unterschiedlichen Rollen auftreten, so z. B. bei einem IT-Projekt als

- Sachbearbeiter, der das zu entwickelnde System handhaben muss,
- als Vertreter der EDV-Abteilung,
- als Mitglied der Finanzabteilung, die die Mittel bereitstellt, und
- als Angehöriger der Unternehmensführung.

Auf den Punkt gebracht

Die Analyse und laufende Beobachtung des Umfelds, in dem das Projekt realisiert wird, verringert das Konfliktpotential und die Projektrisiken.

Planungswerkzeuge und -methoden

Referenz	Methode/Werkzeug/Technik - Allgemeine Best Practices
6	Datenbank zur Erfassung der Informationen einrichten und zur Kommunikation der Informationen nutzen
7	Setzen und Bewerten der Projektziele
14	Überprüfung der Projektziele
15	Kommunikation der Projektziele
16	Einsatz moderner Kommunikationsmittel
17	Ermittlung und Einbeziehung von Erwartungen und Anforderungen der Stakeholder
31	Ermittlung der Projektkosten
40	Nutzung eines Projektmanagementregelwerks
41	Definition und Management der wesentlichen Projektprozesse
44	Formulieren von Arbeitspaketen
46	Einsatz von Netzplänen für das Zeitmanagement
47	Anwendung eines Projektstrukturplans
42	Festlegung von Meilensteinen und Phasen

Über das Management des Umfelds hinaus benötigt der Projektmanager Best Practices für die Projektplanung. Das betrifft

▸ die Organisation {Ref. 41},

▸ die Zielvorgabe {Ref. 7}, {Ref. 15}, {Ref. 17},

- die Teilaufgaben des Projekts (Arbeitspakete) {Ref. 14}, {Ref. 31}, {Ref. 42}, {Ref. 44}, {Ref. 46}, {Ref. 47} und
- das Rahmenkonzept des Projektmanagements {Ref. 40}.

Organisation

Ein seit Langem anerkanntes Paradigma des Projektmanagements[6] sagt aus, dass

- ein organisierter Arbeitsablauf (Prozess) im Projekt der Erreichung von Projektzielen dienlicher ist als ein über weite Strecken unorganisierter Ablauf (Management by muddling through, d. h. Durchwursteln) und dass
- ein höherer Grad der Ablauforganisation zu einer verbesserten Zeit- und Kosteneffizienz sowie zu mehr Erfolg bei der Erfüllung der Leistungsziele führt.

Viele Innovationen im Projektmanagement, bspw. die Netzplantechnik oder das Konfigurationsmanagement, können als gelungene Versuche zur Steigerung des Organisationsgrads betrachtet werden. Wir können zwischen den folgenden Organisationskriterien unterscheiden:

- Arbeitsinhalt (Was ist zu tun?)

---

[6] GPM – Deutsche Gesellschaft für Projektmanagement: Projektmanagement-Fachmann, Eschborn 2003

- Arbeitsplanung (Wann ist es zu tun?)
- Arbeitszuweisung (Von wem und für wen ist es zu tun?)
- Arbeitsumgebung (Wo ist es zu tun?)

Die Beantwortung dieser Fragen ist die Grundlage für die Definition und das Management der Prozesse eines Projekts.

Zielvorgabe

Sobald die Anforderungen ermittelt sind (Ermittlung und Einbeziehung von Erwartungen und Anforderungen von Stakeholdern), sind

- eine klare Definition der Ziele und
- die Messbarkeit der gesetzten Ziele

weitere Voraussetzungen für den Erfolg des Vorhabens.

Nur wenn Ziele messbar gemacht werden – man spricht auch von Operationalisierung – lässt sich am Ende des Projekts feststellen, ob sie auch erreicht wurden.

> *Zielformulierung*
>
> *Die Teilzielformulierung für die Entwicklung eines Programmsystems „Die Wartezeiten auf eine Antwort des Systems müssen kurz sein" ist unbrauchbar. Brauchbar ist dagegen die folgende Formulierung: „Die durchschnittliche Wartezeit auf eine Antwort muss in 80 % der Fälle eine Sekunde betragen, in 20 % der Fälle zwei Sekunden".*

Ein Projekt muss auf Ziele (Kosten, Termine und Leistungen) orientiert, geplant und kontrolliert werden. Dabei wird das Projektteam von einer Controllinginstanz unterstützt, die häufig als „Project Office" bezeichnet wird. Diese Organisationseinheit ersetzt nicht den Projektleiter und nimmt ihm auch die Verantwortung für das Projekt nicht ab, sondern entlastet ihn von Aufgaben. Ihre Pflicht ist es, für Transparenz im Vorhaben zu sorgen.

Die Projektziele werden vom Auftraggeber in der Regel nur grob vorgegeben und vom Projektkernteam in Arbeitssitzungen schrittweise verfeinert. Die detaillierten Ziele werden in einem Pflichtenheft festgehalten und allen am Projekt Beteiligten zugänglich gemacht. In Arbeitspaketbeschreibungen, die von den jeweils Verantwortlichen erstellt werden müssen, werden die Ziele und die notwendigen Aktivitäten noch weiter präzisiert.

Arbeitspakete

Für die Planung und Kontrolle des Projekts müssen Arbeitspakete (AP) formuliert werden. AP sind Aufgabenbündel, die einer Person oder Stelle übertragen werden können. Eine weitere Definition legt fest, dass AP im Projektstrukturplan (PSP) nicht weiter aufgegliedert werden. Damit stellt es für den Projektmanager die kleinste Planungs- und Kontrolleinheit in diesem „Plan der Pläne" dar.

Die AP werden im PSP zusammengefasst und dargestellt. Da sich die Projektziele und -aufgaben im Verlauf eines Projekts ändern können und eventuell erkannte Abweichungen behoben werden müssen, ist es erforderlich, ihre Ausführung zu überwachen und die Auswirkungen auf

▸ die Performance des Projekts (Fortschritt beim Erbringen der Leistung),

- den Projektablauf (Termineinhaltung) und
- die Projektkosten (Budgeteinhaltung)

zu beobachten und die Projektziele zu überprüfen.

Generell ist es notwendig, die Leistungsprozesse zu definieren, die zur Erreichung des Projektergebnisses nötig sind, und den Ablauf festzulegen. Ein Phasen- oder Vorgehensmodell, welches das Projekt in mehrere Zeitabschnitte (Phasen) unterteilt, wird zur Definition des groben Projektablaufs und zur Fixierung der herausragenden Ereignisse und Projektergebnisse (Meilensteine) herangezogen.

Das Phasenmodell reicht aber häufig nicht aus. In diesem Fall muss es um einen detaillierten Plan ergänzt werden, aus dem früheste und späteste Anfangs- und Endzeiten, Puffer (Zeitreserven) und der kritische Pfad (zeitliche Reihung der Arbeitspakete, deren Bearbeitung den geringsten Puffer aufweist) hervorgehen. Dieser Plan (in der Regel ein Netzplan oder ein vernetzter Balkenplan) mit dem kritischen Pfad, der auch die Meilensteine des Phasenmodells beinhaltet, zeigt die Abhängigkeiten zwischen den einzelnen AP. Außerdem macht er es möglich, den voraussichtlichen Projektabschlusstermin zu bestimmen und die frühesten und spätesten Anfangs- und Endzeitpunkte der einzelnen AP zu errechnen.

Für die Planung der Projektkosten werden die Inhalte der Arbeitspakete festgelegt und die für die Ausführung notwendigen Ressourcen zugewiesen. Für die jeweilige Ressource wird nun der Kostenwert ermittelt und dem Arbeitspaket zugewiesen.

Die Projektmitglieder werden in die Planung einbezogen. Hierfür wird im Projekt eine Datenbank zur Erfassung der

Informationen eingerichtet und ein Prozess zur Kommunikation der Informationen genutzt. Außerdem werden moderne Kommunikationsmittel eingesetzt.

Rahmenkonzept des Projektmanagements

Der Einsatz von Methoden, Werkzeugen und Techniken ist sinnvoll. Es ist aber nicht notwendig, das Rad immer wieder neu zu erfinden. Hier kann ein Rahmensystem helfen, beispielsweise das Methodenframework im Hause Siemens (Chestra), oder ein internationaler Standard, etwa die IPMA Competence Baseline ICB oder der PM Body of Knowledge® (PMBoK®) des Project Management Institute (PMI).

- Die ICB ist der Projektmanagement-Standard des europäischen Dachverbands nationaler Projektmanagementverbände. Sie enthält in der derzeitigen Version 3.0 46 sog. Kompetenzelemente und ist die Grundlage für die Qualifizierung und Zertifizierung von Projektmanagern.
- Der PMBoK ist das Gegenstück in den USA und anderen Ländern, die dieses Werk für sich übernommen haben.

Beide Standards definieren – etwas vereinfacht gesagt – die Grundsätze guten Projektmanagements.

In der Bundesrepublik hat die weniger umfangreiche DIN 69 904 die gleiche Funktion.

Auf den Punkt gebracht

- Ein organisierter Projektablauf ist ein wichtiger Erfolgsfaktor.
- Ziele müssen klar und messbar formuliert werden.

Realisierung der Projektergebnisse

Referenz	Methode/Werkzeug/Technik - Allgemeine Best Practices
19	Anwendung von Scorecards
21	Überprüfung der angewandten Managementpraktiken
33	Regelmäßige Berichterstattung
34	Lieferantenmanagement
36	Steuerung und Koordination des Projekts
37	Überprüfung der Projektergebnisse
49	Dokumentation des Projekts
52	Sammeln und Teilen von Erfahrungen
58	Anwendung eines internen Projektmarketings

Projekte sind komplexe Vorhaben mit dem Charakter der Neuartig- oder Einmaligkeit, also keine Routinearbeiten. Die Transparenz der Organisation nimmt mit zunehmendem Komplexitätsgrad ab. Eine erfolgreiche Projektdurchführung erfordert daher, dass die innerhalb der Planung geschaffenen kleineren Einheiten (Phasen, Arbeitspakete, Vorgänge im Netzplan) zur Überwachung und Steuerung des Projekts genutzt werden.

Wir gehen nun auf die Best Practices zur Realisierung der Projektergebnisse ein. Dies beinhaltet:

- Dokumentation {Ref. 49}
- Erfahrungsaustausch {Ref. 52}, {Ref. 58}
- Projektcontrolling {Ref. 19}, {Ref. 33}, {Ref. 36}, {Ref. 37}
- Management der Kunden-Lieferanten-Beziehungen {Ref. 34}
- Verbesserung der Managementfähigkeiten {Ref. 21}

Dokumentation

Eine systematische Dokumentation des Projekts stellt die ordentliche Archivierung aller während des Projektablaufs gesammelten Informationen, beispielsweise in Form von Zeichnungen, Berichten und Besprechungsprotokollen, und den Zugang auf sie sicher.

Erfahrungsaustausch

Ohne Frage ist es auch hilfreich, auf Erfahrungswerten aufzusetzen, die in anderen Projekten oder Tätigkeitsfeldern gemacht wurden, lässt sich doch die Projekteffizienz dadurch steigern.

Im Projekt entstehendes Wissen kann darüber hinaus in vielerlei Hinsicht genutzt werden, z. B.

- zur besseren Bearbeitung neuer Projekte,
- bei der systematischen Potenzialentwicklung der Projektmitarbeiter, um das projekttragende Unternehmen zu stärken, aber auch
- zur Darstellung der Leistungsfähigkeit und Güte des laufenden Projekts.

Die Erfahrungen müssen in jedem Fall aufbereitet und zugänglich gemacht werden. Best Practices zur Unterstützung dieser Aufgaben sind:

- Sammeln und Teilen von Erfahrungen und
- Anwendung eines internen Projektmarketings, d. h. unter anderem für das Projekt im Unternehmen werben.

Projektcontrolling

Das Grundprinzip des Projektcontrollings lautet „Zeitnähe hat Vorrang vor Genauigkeit". Projektmanager benötigen aktuelle Informationen, um angemessen handeln zu können (regelmäßige Berichterstattung).

Dies erfordert, dass alle Stakeholder des Projekts, insbesondere Projektmanager und Projektcontroller, verantwortungsvoll und diszipliniert mit ihren Projektdaten umgehen (Verwendung von Scorecards) und die aktuellen Werte laufend gemeldet und protokolliert werden. Die schnelle Rückmeldung von Projektdaten muss zur Bringschuld werden. Nur so können die notwendigen Entscheidungen auf der Grundlage des aktuellsten Projektstatus getroffen werden.

Die Steuerung und Koordination des Projekts erfordert ein integriertes Management der wechselseitig voneinander abhängigen Zielvariablen (Überprüfung der Projektergebnisse).

> *Zielvariablen sind nicht unabhängig voneinander*
>
> *Bei Maßnahmen der Projektsteuerung muss beispielsweise darauf geachtet werde, dass Aktionen der Projektbeschleunigung häufig zu erhöhten Kosten führen oder dass aus erhöhten Anforderungen des Kunden in der Regel Terminverschiebungen und vermehrter Ressourceneinsatz resultieren.*

Die Ziele und Teilziele im Projekt sind also nicht unabhängig voneinander, sondern stehen vielmehr untereinander in Beziehung.

Management der Kunden-Lieferanten-Beziehungen

An den Schnittstellen, z. B. innerhalb des Prozesses oder in der Organisation, aber auch zwischen einzelnen technischen Komponenten und Bauteilen kann eine partnerschaftliche Zusammenarbeit in Form von Kunden-Lieferanten-Beziehung aufgebaut werden. Wenn die Schnittstellenpartner ihre Anforderungen z. B. in Leistungsspezifikationen und Schnittstellenübersichten gemeinsam definieren können, lassen sich Leistungen qualifizierter erbringen und Missverständnisse und Probleme leichter vermeiden. Dies vermeidet Reibungsverluste und Mehrarbeit (Lieferantenmanagement).

Verbesserung der Managementfähigkeiten

Bei den Projekten der Award-Gewinner wurden die angewandten Methoden Management Reviews unterzogen und zur weiteren Verbesserung der Projektqualität genutzt.

Management Reviews

- *Managementaudits: Durch Managementaudits werden alle Bereiche des Projektmanagements in regelmäßigen Abständen systematisch auf die richtigen Festlegungen der Managementmaßnahmen und deren einwandfreie und nachweisbare Durchführung überprüft, um zweckmäßige Aktionen zur Optimierung des PM-Systems zu gewährleisten. Damit sind sie ein unverzichtbares Überwachungsinstrument.*
- *Meilensteinreviews: Dies ist ein Prüfverfahren, das feststellt, welchen Status ein Projekt in Bezug auf die harten*

> Erfolgskriterien Leistungserbringung, Kosten- und Termineinhaltung vorweist. Dabei werden die erreichten Sachergebnisse analysiert, der Projektverlauf wird bewertet und Einflussfaktoren und Probleme werden diskutiert, kurz: Der vorliegende Projektstatus wird einer kritischen Überprüfung unterzogen.
>
> ▸ *Projektassessments:* Dabei wird dem Projekt der Spiegel vorgehalten. Ermittelt und bewertet werden Vorstellungen und Assoziationen, Wünsche und Erwartungen usw., die die Beteiligten bezüglich des Projekts äußern. Die Bewertung des Projekts erfolgt nach den Punkten Vorgehensweise und Anwendungsumfang des Projektmanagements sowie Zielerreichung und Projektdurchdringung der Projektergebnisse.
>
> *Eine Verknüpfung des Managementaudits mit einem Projektassessment ist z. B. bei großen Projekten sinnvoll.*

Auf den Punkt gebracht

▸ Management Reviews verbessern die Fähigkeiten der Führung.

▸ Die schnelle Rückmeldung von aktuellen Projektdaten ist eine Voraussetzung für eine wirksame Projektsteuerung, die das Vorhaben wieder auf Kurs bringt.

Weitere Best Practices im Projektmanagement

In diesem Abschnitt widmen wir uns den Best Practices, die mindestens in einem, aber nicht in allen Projekten der Award-Gewinner angewandt wurden, da ihr Einsatz situations- und oder projektabhängig ist. Wir konnten keine weiteren Best Practices für den Einsatz von Maschinen identifizieren, deshalb bleibt dieser Bereich unbelegt, ansonsten halten wir uns an dieselbe Struktur wie im vorhergehenden Abschnitt.

Teamführung

Referenz	Methode/Werkzeug/Technik - Projektabhängige Best Practices
22	Abhaltung von Projektveranstaltungen
54	Verwendung eines Eskalationsprozesses
67	Konfliktmanagement
32	Einrichtung eines zentralen Projektbüros
50	Nutzung interner und externer Schulungen
24	Unterstützung der „Project Excellence" durch das obere Management
63	Einholen von Feedback zu Schulungen und Prüfung derselben
75	Einsatz von Anreizsystemen

Wir untergliedern die Best Practices in folgende Kategorien:

▸ Eskalationsprozess {Ref. 54}
▸ Teamarbeit {Ref. 22}, {Ref. 32}, {Ref. 67}

- Aus- und Fortbildung{Ref. 50}, {Ref. 63}
- Echte Führungskompetenz {Ref. 24}, {Ref. 75}

Eskalationsprozess

Projekte werden zu einem Problemfall, wenn beispielsweise wichtige Ziele um Längen verfehlt werden. Die folgenden drei Faktoren können den Projekterfolg gefährden, wenn sie nicht rechtzeitig behoben werden können:

- Die Konsequenzen einer Entscheidung reichen weiter als die Befugnisse des Entscheidungsträgers, beispielsweise des Projektmanagers, des Teilprojektmanagers oder des Teamleiters.
- Die Parteien, die an einer Entscheidung beteiligt sind, können sich nicht einigen.
- Das Projekt erfordert Änderungen seiner Organisation oder seiner Prozesse.

In solchen Fällen braucht ein Projekt Regeln und Verfahren zur Lösungsfindung und Entscheidungsträger auf der richtigen hierarchischen Ebene. Das heißt, es benötigt die Delegation von Verantwortung und einen Eskalationsprozess, also Vorkehrungen, die sicherstellen, dass bestimmte Entscheidungen nach „oben" delegiert werden, wenn z. B. in einer Konfliktsituation auf der unteren Ebene keine Lösung gefunden werden kann.

Teamarbeit

Ein (zentrales) Projektbüro hat unter anderem die Aufgabe, in umfangreichen Projekten oder Programmen benötigte

Ressourcen und tatsächlich vorhandene Kapazitäten aufeinander abzustimmen.

Eine weitere Aufgabe ist die Organisation von Veranstaltungen, beispielsweise für die Zusammenstellung eines Teams oder zur Förderung des Teamgeists und des Arbeitsklimas. Trotz vorab miteinander vereinbarter Arbeitsbedingungen kommt es im Projektverlauf häufig zu Konflikten. Mögliche Strategien zur Konfliktlösung sind

- Anpassung an das Problem (Ich kann das Problem nicht lösen, also lerne ich, damit zu leben),
- Kooperation,
- Kompromisse und
- die Vermeidung von Machtdemonstrationen.

Die Wahl der Strategie hängt von den eigenen Interessen und von denen der anderen Partei ab. Um Krisen in einer Gruppe zu vermeiden, sollten Konflikte offen angesprochen und im Team gelöst werden. Dadurch kann sich der Konflikt nicht weiter ausbreiten und verschärfen (Konfliktmanagement).

Aus- und Fortbildung

Wesentliche Komponenten eines hervorragenden Projektmanagements sind etwa die Planung und Lösungsfindung im Rahmen von Workshops und die Aus- und Fortbildung des Projektpersonals (Nutzung interner und externer Schulungen).

Neben Fachthemen, zu denen Defizite festgestellt werden, bieten sich Schulungen zu Managementmethoden und

-werkzeugen, aber auch Workshops zu speziellen Themen des Projektmanagements an, z. B. zu Teamarbeit und Führung, Motivation und Konfliktmanagement.

Damit lässt sich die Fach- Methoden- und Sozialkompetenz der Mitarbeiter stärken. In internationalen Projekten kann die Steigerung der Sprachkompetenz, gekoppelt mit einem Training für das zu erwartende kulturelle Umfeld, wertvoll sein. Es können aber auch allgemeine Kommunikations- und Stilthemen berücksichtigt werden. Woher soll ein Mitarbeiter wissen, welche herausragende Bedeutung dem Small Talk im angelsächsischen Kulturkreis beizumessen ist oder wie sich ein mehrstündiges Geschäftsessen in Frankreich meistern lässt, wenn nicht durch die Teilnahme an einer entsprechenden Schulung.

Die Qualität dieser Workshops und Schulungen müssen die Teammitglieder beurteilen (Einholen von Feedback).

Echte Führungskompetenz

Managementfunktion haben alle Mitarbeiter eines Unternehmens, die eine leitende oder führende Position im Unternehmen ausüben und die Unternehmensinteressen gegenüber der Belegschaft, Mitarbeitervertretern, Beratern und Lieferanten vertreten.

Ein geeignetes Verhalten aller Manager inspiriert, unterstützt und fördert sowohl die Qualität des Projekts als auch die des Unternehmens (oberes Management fördert Project Excellence). Konkret bedeutet das z. B., dass die Führung auf allgemein verbindlichen Standards im Projekt besteht und ihre Einhaltung überwacht.

Ein Großteil der Motivation des Projektteams, eine aktive Rolle in der Weiterentwicklung des Projekts oder des Projektmanagementsystems zu übernehmen, erfolgt über Anreizsysteme.

Viele solcher Systeme belohnen das Projektteam, wenn ein geplanter und dem Auftraggeber verbindlich zugesagter Termin eingehalten oder unterboten wird. Auch beim Kostenziel kann angesetzt werden. Die Belohnung kann in Geld, also in einer Prämie, oder auch in einer anderen Form, z. B. in einem Sonderurlaub bestehen.

Obwohl diese Ideen längst bekannt sind, nutzen viele Projektmanager sie nicht, wohl aber die Projektmanager der Gewinnerprojekte.

Auf den Punkt gebracht

- Für eine schnelle Entscheidungsfindung im Projekt müssen Regeln aufgestellt werden.
- Konflikte im Team sollten präventiv angegangen werden. Sie müssen auf jeden Fall offen angesprochen werden und sollten die Gruppe möglichst nicht verlassen.

Management des Projektumfelds

Referenz	Methode/Werkzeug/Technik - Projektabhängige Best Practices
5	Analyse des aktuellen Status
53	Nutzung der Erfahrung aus früheren Projekten

Analyse und Lernen

Die Analyse des aktuellen Status ist für das Management von Projekte von entscheidender Bedeutung {Ref. 5}. Es ist jedoch genauso wichtig, von abgeschlossenen Projekten zu lernen {Ref. 53}. Beides führt zu einem verbesserten Einsatz der Techniken und Methoden im aktuellen Projekt und zur Leistungssteigerung des einzelnen Mitarbeiters und der Organisation.

> **Auf den Punkt gebracht**
>
> ▸ Abgeschlossene Projekte müssen gründlich analysiert werden.
> ▸ Die gewonnenen Erfahrungen müssen in neuen Projekten genutzt werden.

Planungswerkzeuge und -methoden

Referenz	Methode/Werkzeug/Technik - Projektabhängige Best Practices
51	Einsatz eines Qualitätsmanagementsystems
61	Dienstleistungen
64	Risikomanagement
66	Änderungsmanagement
12	Entwicklung der Projektvision
71	Ressourcenmanagement
72	Management von Einrichtungen und Sachanlagen
3	Benchmarking
48	Einsatz von technischem Coaching
70	Management von Verträgen
27	Einsatz von Kreativitätstechniken
65	Problemmanagement
68	Nutzung von Pilot- und Testszenarien
62	Bereitstellung von Ersatzpersonal
56	Nutzung externer Forschungsinstitute
57	Untersuchung alternativer Szenarien
73	Patentmanagement
74	Sicherheitsmanagement

Wir befassen uns nun näher mit den in folgende Kategorien unterteilten Best Practices:

▸ Von der Vision zum Ziel {Ref. 3}, {Ref. 12}, {Ref. 57}

▸ Optimierung der Anforderungen {Ref. 48}, {Ref. 56}, {Ref. 68}

▸ Qualitätsmanagement {Ref. 51}

- Weitere Managementbereiche {Ref. 27}, {Ref. 61}, {Ref. 62}, {Ref. 64}, {Ref. 65}, {Ref. 66}, {Ref. 70}, {Ref. 71}, {Ref. 72}, {Ref. 73}, {Ref. 74}

Von der Vision zum Ziel

Innovative Teams entwickeln ihre Projektvision und -strategien unter Berücksichtigung des Kundennutzens.

Ein Projekt ist auf einem erfolgreichen Weg, wenn geklärt wurde, was der Kunde wirklich will und wohin die Reise gehen soll. Um diesen Weg gehen zu können, ist zunächst ein Zukunftsbild des Projekts zu entwickeln. So muss man sich die Fragen stellen:

- Was macht unser Projekt außergewöhnlich und herausragend?
- Was macht uns stolz auf unser Projekt?

Auf der Basis des Zukunftsbilds (Vision oder Leitbild des Projekts) und der Kundenanforderungen lässt sich dann die spezielle Qualitätspolitik für das Projekt formulieren, auf deren Grundlage nachvollziehbare und messbare Projektziele aufgestellt und Strategien zur Zielerreichung festgelegt werden können. Diese Aufgabe – Entwicklung des Leitbilds, Festlegung der Qualitätspolitik, Vereinbarung von Zielen und Entwicklung von Strategien – liegt ebenso im Bereich des Projektmanagements wie die Ausrichtung der Projektorganisation auf die Kunden und die Projektmitarbeiter.

Da die Projektteams mit zunehmend enger werdenden Märkten, Kostendruck und Änderungen der Mitarbeitererwartungen konfrontiert werden, müssen sie alternative

Szenarien untersuchen. Dies führt zu einer kreativeren Projektleistung. Die Mitarbeiter, die ihr Wissen und Können in das Projekt einbringen können und merken, dass ihrem Know-how Beachtung geschenkt wird, sind motiviert. Die Vertrauensbasis gegenüber dem Kunden lässt sich dadurch nachhaltig stärken.

Durch Anwendung des Benchmarking-Konzepts wird die Qualität des Managements und der Arbeit verbessert.

Optimierung der Anforderungen

Hier kommt es darauf an, inwieweit z. B. eine anspruchsvolle technologische Neuerung zum Einsatz kommt oder gar als Ergebnis des Projekts erreicht werden soll.

Bei Projekten, in denen technologische oder Prozessinnovationen angestrebt werden, wird zur Projektabsicherung auf die Unterstützung durch externe Forschungsinstitute, z. B. auf die Institute der Fraunhofer-Gesellschaft, zurückgegriffen.

Bei Vorhaben mit einer anspruchsvollen technischen oder Umstrukturierungskomponente setzt man hingegen auf technisches Coaching zur Ergebnisverbesserung. Derartige Dienstleistungen bieten renommierte Beratungsunternehmen an.

Projekte im IT- und Telekommunikationsumfeld nutzen Pilot- und Testszenarien, um Erkenntnisse zu gewinnen und Probleme zu beheben, bevor es dann – mit geringer Fehlerquote – an den großen Roll-out geht.

Qualitätsmanagement

Bei erfolgreichen Projekten wird ein Qualitätsmanagementsystem eingesetzt, um die Transparenz und Wiederholbarkeit aller betrieblichen Prozesse zu gewährleisten. Mittels zertifizierter QM-Systeme (ISO 9000) oder auf der Basis des QM-Modells der European Foundation for Quality Management EFQM werden wichtige Qualitätsmanagementgrundlagen gelegt, um eine Spitzenleistung zu erzielen.

Im Sinne des QM müssen die Anforderungen des Kunden im Mittelpunkt des Interesses stehen und alle Bereiche des Unternehmens sowie alle Mitarbeiter müssen hierfür in die Verantwortung genommen werden. Bei einem umfassenden QM-System müssen alle Prozesse beleuchtet und verbessert werden. Dies führt zur Prozessorientierung einschließlich der administrativen Abläufe. Der Kunde muss gemäß seinen Anforderungen optimal bedient werden. Die Konsequenz ist Kundenorientierung von der Erhebung der Ausgangssituation bis hin zur Betreuung nach Abschluss der Leistungserbringung.

Ein weiterer wichtiger Bestandteil ist die Mitarbeiterorientierung. Sie geht von der Beteiligung qualifizierter Mitarbeiter über die kontinuierliche Weiterqualifikation bis hin zur entsprechenden Einbindung in den Arbeitsablauf.

Gelingt einem Unternehmen die Orientierung auf Prozesse, Kunden und Mitarbeiter, entsteht optimale Leistung für den Kunden und ein optimales Ergebnis für das Unternehmen. Die Wettbewerbschancen des Unternehmens werden damit nachhaltig verbessert.

Weitere Managementbereiche

Dieser Teilabschnitt befasst sich mit Vertrags-, Konfigurations-, Problem-, Ressourcen-, Gesundheits-, Sicherheits- und Risikomanagement sowie mit Kreativitätsmethoden.

Das Vertragsmanagement, das die Richtlinien für die Beziehungen mit Kunden vorgibt, ist ein wichtiger Erfolgsfaktor. Daher muss ein Projektmanager zumindest über die rechtlichen Aspekte seines Projekts informiert sein.

Außerdem ist in Entwicklungsprojekten das Management von Patenten ein wichtiges Themenfeld.

Im Rahmen des Konfigurationsmanagements befasst sich der Projektmanager mit den Eigenschaften und der Konfiguration der Produkte oder Dienstleistungen, die Gegenstand des Projekts sind. Auch das systematische Änderungsmanagement nimmt zur Erreichung eines durchgängigen Konfigurationsmanagements und bei der Planung, Realisierung und nachträglichen Kontrolle (produktspezifischer) Änderungen einen wichtigen Stellenwert ein.

Konfigurations- und Änderungsmanagement

In einem Anlagenbauprojekt wird zu einem bestimmten Zeitpunkt der erreichte Konstruktionsstand („Referenzkonfiguration"), der sich u. a in Konstruktionszeichnungen und Stücklisten niederschlägt, „eingefroren". Alle Änderungswünsche, die jetzt noch kommen, müssen vom Projektleiter oder bei größeren Projekten von einem eigenen Gremium (Change Control Board) auf ihre Auswirkungen auf Termin, Kosten und nicht unmittelbar betroffene Komponenten des Projektgegenstands überprüft und genehmigt werden. Konfigurationsmanagement sorgt durch die Definition einer

> *festen Bezugsbasis – eben der erwähnten Referenzkonfiguration, auch Baseline genannt – dafür, dass Änderungen immer in Bezug auf diese feste Ausgangsbasis festgelegt werden und nachvollziehbar sind. Das Änderungsmanagement überwacht den Prozess der Fortschreibung des Konstruktionsstands.*

Um Probleme bewältigen zu können, muss ein Projektmanager in der Lage sein, Terminverzögerungen und Kostenüberschreitungen vorauszusehen. Nur so kann er rechtzeitig Korrekturmaßnahmen einleiten. Dabei unterstützen ihn Instrumente wie die Netzplantechnik und die mitschreitende Projektkostenerfassung.

- Die Netzplantechnik warnt vor drohenden Terminverschiebungen, wenn jeweils die Istdaten für abgeschlossene Vorgänge zeitnah erfasst und die Zeitschätzungen von in der Zukunft liegenden Aktivitäten bei Bedarf revidiert werden.

- Die projektbegleitende Kostenermittlung, die ebenfalls zeitnah sein muss, verbunden mit regelmäßigen Restkostenschätzungen für noch nicht vollständig oder erst in Zukunft auszuführende Arbeitspakete lässt rechtzeitig zu erwartende Kostenüberschreitungen erkennen.

Ein Projektmanager erstellt eine projektbezogene Ressourcenplanung, indem er die erforderlichen Einsatzmittel festlegt. Er berücksichtigt dabei die verfügbare Zeit für jedes Arbeitspaket im Projekt (Ressourcenmanagement). Bei einigen Projekten spielt die Bereitstellung und dann natürlich auch das Management von Einrichtungen und Sachanlagen eine wichtige Rolle, darunter Gebäude, Bürogeräte,

Geschäftsausstattung und Büromaterial. Sehr wichtig ist auch, über Ersatzpersonal zu verfügen.

Alle wesentlichen Aspekte, die die Gesundheit und die Sicherheit der Mitarbeiter im Projekt betreffen, werden durch definierte Standards und Methoden abgedeckt, die die Wahrscheinlichkeit von Unfällen beziehungsweise Personen- und Sachschäden auf ein Minimum beschränken. Der Projektmanager muss sicherstellen, dass diese Standards in der Praxis eingehalten werden, und sie gelegentlich überprüfen, um ihre aktuelle Gültigkeit zu gewährleisten (Sicherheitsmanagement). Einschlägige gesetzliche Grundlagen sind etwa das Arbeitsschutzgesetz, die Arbeitsstättenverordnung, das Arbeitssicherheitsgesetz, die Betriebssicherheitsverordnung und das Mutterschutzgesetz.

Durch Risikomanagement werden Unsicherheiten und Gefahren im Zusammenhang mit den Projektzielen gemindert. Dazu gehören die Risikoeinschätzung und die Entwicklung geeigneter Maßnahmen, um zu verhindern, dass aus einem Risiko der Ernstfall wird.

Bei einigen Projekten werden Kreativitätstechniken zur Entwicklung von Ideen und zum Lösen von Problemen eingesetzt.

Unter den zahlreichen Kreativitätstechniken, die in der Praxis benutzt werden, soll hier nur das einfach durchzuführende Brainstorming bzw. Brainwriting erwähnt werden. Zu einer vom Moderator formulierten Frage äußern alle Mitglieder einer Gruppe Ideen. Es gilt die eiserne Regel:

Kein Vorschlag wird kritisiert. Jeder kann seiner Fantasie freien Lauf lassen.[7]

> **Auf den Punkt gebracht**
>
> ▸ Gute Prozesse sind die Voraussetzung für Projektergebnisse, die Qualität haben.
> ▸ Mit sorgfältig organisiertem Vertrags-, Konfigurations- und Änderungsmanagement können Zieländerungen während des Projekts beherrscht werden.
> ▸ Konsequentes Risikomanagement schützt vor unliebsamen Überraschungen.

Realisierung der Projektergebnisse

Referenz	Methode/Werkzeug/Technik - Projektabhängige Best Practices
20	Verwendung von Regeln für Besprechungen
60	Überwachung von Vorgängen, einschl. Frühwarnsystem
69	Durchführung einer „kontinuierlichen Verbesserung"

Wir erläutern diese Best Practices unter den Stichpunkten:

▸ Planung, Überwachung und Controlling – ein laufender Prozess {Ref. 20}, {Ref. 60}

---

[7] Weitere Methoden mit Anwendungsbeispielen finden sich bei Andler, N.: Tools für Projektmanagement, Workshops und Consulting. Kompendium der wichtigsten Techniken und Methoden Erlangen 2008, S. 89 ff.

▸ Verbesserungsprogramme {Ref. 69}

Planung, Überwachung und Controlling – ein laufender Prozess

Ein integriertes Projektcontrolling umfasst die Parameter Zeit, Kosten und Leistung und beinhaltet Frühwarnsysteme.

Das Projektcontrolling, häufig auch „Project Management Office" genannt, das Dienstleistungen für den Projektleiter, die Projektlenkungsgremien und das Topmanagement erbringt, muss immer alle drei Zielgrößen im Auge behalten. Nur eine gemeinsame (integrierte) Betrachtung ist aussagefähig. Eine zum Stichtag festgestellte Kosteneinhaltung (bis zum Kontollzeitpunkt geplante Kosten = angefallene Istkosten) ist beispielsweise nur dann positiv zu bewerten, wenn auch die bis dahin geplante Leistung erbracht wurde.

Der Controller muss außerdem Planabweichungen analysieren und Empfehlungen zur Gegensteuerung geben. So kann ein wichtiger Zwischentermin überschritten worden sein, weil zu wenig Personal zur Verfügung stand. Ein anderer Grund könnten Verzögerungen bei Zulieferern sein. Im ersten Fall kann der Zeitverzug eventuell durch Überstunden oder den Einsatz zusätzlicher Arbeitskräfte wieder aufgeholt werden. Im zweiten Fall müssten, falls ein kurzfristiger Wechsel auf andere Lieferanten nicht machbar ist, mögliche Zeiteinsparungen bei anderen Vorgängen überprüft werden.

Um einen reibungslosen Ablauf der Besprechungen zu gewährleisten, mit denen der Controllingprozess unterstützt wird, nutzen erfolgreiche Projektteams Regeln für Besprechungen.

Regeln für Besprechungen

Derartige Regeln sind z.B.

- *Dem anderen werden Respekt und Vertrauen entgegengebracht.*
- *Gefühle wie Ärger und Zorn werden offen ausgesprochen und nicht unterdrückt.*
- *Konflikte und Probleme werden nicht „unter den Teppich gekehrt", sondern aufgedeckt und diskutiert.*
- *Die Teammitglieder hören aktiv zu. Sie konzentrieren sich auf das, was der Gesprächspartner mitteilen will, und bereiten nicht schon die eigene Antwort vor. Man lässt den anderen aussprechen und vermittelt ihm, wie man seine Aussage verstanden hat. Wenn es notwendig ist, fragt man nach.*
- *Alle beteiligen sich an der Diskussion.*
- *Die Kritik ist konstruktiv. Nicht die Person, sondern Sachverhalte und Ergebnisse werden kritisiert.*
- *Im Team wird Konsens angestrebt.*
- *Informationen über das Projekt werden allen mitgeteilt.*

Verbesserungsprogramme

Annähernd alle Gewinner setzen auf kontinuierliche Verbesserung. Dies erfordert die Suche nach den Ursachen der Probleme und stellt eine ständige Verbesserung der Tätigkeiten sicher. Wesentliche Anstöße zu einer Optimierung des Projektmanagements kommen aus einem institutionalisierten Erfahrungsaustausch der Projektleiter. Weitere Verbesserungsvorschläge resultieren aus einem Assessment des Projektmanagementsystems einer Organisation. Hier ist es üblich, dass die Assessoren die abgeleiteten Empfehlungen mit Prioritäten versehen. So kann es sein, dass bestimmte Themen, etwa die Verwendung von Projektkennzahlen, eine niedrigere Priorität erhalten und erst nach und nach implementiert werden.[8]

> **Auf den Punkt gebracht**
>
> ▸ Frühwarnindikatoren signalisieren rechtzeitig die Bedrohung von Projektzielen.
> ▸ Kontinuierliche Verbesserungen steigern den Reifegrad des Projektmanagements einer Organisation.

Benchmarks für alle Projekte

Die hier beschriebenen Vorgehensweisen helfen jedem Projektmanager

▸ bei neuen Projekten, wenn er sie von Anfang an angewendet,

▸ bei laufenden Projekten, wenn er seine aktuelle Vorgehensweise mit der jeweilig beschriebenen Best Practice vergleicht.

---

[8] Vgl. dazu ein Beispiel aus der Siemens AG: Lebsanft, K.; Westermann, F.: Projektmanagement-Assessment bei Siemens, in: Projektmanagement aktuell 4 (2003), S. 16–15.

Einige Best Practices, zum Beispiel Konflikt- und Risikomanagement, wurden nicht bei allen Projekten erwähnt, vermutlich weil sie die Verantwortlichen für selbstverständlich halten. Sie sollten aber auf jeden Fall als Standard betrachtet werden.

In Fällen, in denen Award-Gewinner mit einem gegebenen Standard Best Practices nicht angewandt haben, zeigt sich Spielraum für Verbesserungen. In jedem Fall sollten qualifizierte Projektmanager einschätzen können, welche Best Practices für ihr Projekt relevant sind.

Die aus unserer Sicht wesentlichen Best Practices werden nun im folgenden Kapitel weiter mit Beispielen unterlegt und für die Anwendung in der Praxis erläutert.

Werkzeuge der Projektmanagement-Praxis

Teamführung

Zahlreiche Studien zeigen, dass das Engagement der Führungsspitze für die einzelnen Projekte und ihr Einsatz für das Führungskonzept „Projektmanagement" in einer Organisation einer der wichtigsten Erfolgsfaktoren ist. Dieses Engagement zeigte sich in der Praxis bei den Besten in vielen Details.

> *Vor-Ort-Besuche und Videokonferenzen*
>
> *Beim Projekt „Brief 2000" verschaffte sich der Vorstand durch Vor-Ort-Besuche bei den einzelnen Briefzentren bzw. durch Videokonferenzen ein jeweils aktuelles Bild vom Projektstand und demonstrierte sein Interesse am Vorhaben.*[9]

Das Topmanagement sorgt vor allem auch dafür, dass im Unternehmen einheitliche Standards und Richtlinien für die Planung und Abwicklung von Projekten erstellt werden, und achtet darauf, dass sie auch eingehalten werden. An der Entwicklung solcher Standards werden die Mitarbeiter beteiligt.

---

[9] Deutsche Post AG; Gemini Consulting GmbH. (Hrsg.): Brief 2000. Change Management der Briefproduktion. Projektteam „Briefkonzept", Nürnberg, Bonn-Bad Godesberg, Köln, 1999

Phasenmodell

Für die verschiedenen Projektarten wurde ein verbindliches Vorgehensmodell festgelegt. Es gliedert das Vorhaben in zeitlich aufeinanderfolgende Phasen und legt Meilensteine fest, zu denen Zwischenergebnisse wie etwa Prototypen oder eine detaillierte Projektdefinition vorliegen müssen. Ein solches Modell, auch Phasenmodell genannt, wurde u. a. von BMW benutzt.[10] Die Firma bewies damit, dass auch ehrgeizige IT-Projekte nicht notwendig scheitern müssen. Bestandteil eines solchen Hilfsmittels zur Planung und Kontrolle sind u. a. Meilensteinschemata.

Die PM-Standards wurden am Modell Project Excellence ausgerichtet.

Solche verbindlichen Festlegungen, die Mitarbeitern klare Vorgaben bieten, wurden bspw. in Projektleitfäden festgehalten.

---

[10] Kühner, H.; Stautner, U.: Das Projekt „Online-Ordering" Europe, in: Ottmann, R.; Grau, N. (Hrsg.) : Dokumentation. 18. Internationales Projektmanagement Forum, Forum am Schlosspark, Ludwigsburg 2001, München 2001, S. 17–33

Gliederung und Aufbau eines Projektleitfadens

Der dargestellte Projektleitfaden zeigt die Einbettung des Projektmanagements in eine Organisation. Es bezieht seine Arbeitsgrundlage aus den operativen Geschäftsbereichen, um die Vorgaben des Vertragsmanagements abzudecken.

Innerhalb des PM, das auf das Angebotsmanagement (inkl. Konzepterstellung) aufsetzt, erfolgen die Initiierung, die phasenorientierte Bearbeitung und der Abschluss des Projekts. Die Dienstleistungen für das Projekt werden in einem Projektbüro erbracht, dessen Aufgabe aber auch im Service für das Vertragsmanagement zu sehen ist. Bei kaufmännischen Themen erfolgt die Unterstützung durch die Finanzabteilung. Verfahrens- und Arbeitsanweisungen, aber auch Vorlagen für Dokumente können aus dem Projektleitfaden entnommen werden.

Das Management kümmert sich darum, dass die zu genehmigenden Projekte auf die Strategie des Unternehmens, sprich: die langfristigen Unternehmensziele, abgestimmt sind. Das Tagesgeschäft sorgt für den kurzfristigen Erfolg, nur erfolgreiche Projekte sichern das langfristige Überleben.

Portfolio-Boards

Für die Abstimmung des Projektportfolios wurden Portfolio-Boards eingerichtet, die in der Regel aus den Managern der Ebene unter der Führungsspitze bestehen, also z. B. aus den Leitern der Entwicklung, der Beschaffung, der Produktion, des Vertriebs und des Marketings. Sie sind dafür verantwortlich, dass die „richtigen" Projekte durchgeführt werden. Das bedeutet auch, dass Vorhaben, falls notwendig, rechtzeitig bewusst abgebrochen werden. Für die Entscheidungen gibt es eindeutige Kriterien. Zum Beispiel dürfen für die Genehmigung eines Produktentwicklungsprojekts bestimmte prognostizierte Werte nicht unterschritten werden, so etwa

- *der Kapitalwert, d. h. der auf die Gegenwart abgezinste Überschuss der Einzahlungen über die Auszahlungen,*
- *der prognostizierte Return on Investment und*
- *die Amortisationsdauer der Investition.*

So forderte z. B. die Firma Vaillant für die Genehmigung eines Produktentwicklungsprojekts, dass sowohl der Kapitalwert als auch der Return on Investment und die Amortisationsdauer (jeweils prognostiziert) bestimmte Mindestwerte erreichen.[11]

---

[11] Raeder, A.: Projekt „Euro Basis Standard", in: Ottmann, R.; Grau, N. (Hrsg.): Projektmanagement: Strategien und Lösungen für die Zukunft. Tagungsband des 17. Deutschen Projektmanagement-Forums, Nürnberg 2000, S. 53–72

Der erfolgreiche Projektleiter hat eindeutige Befugnisse und Kompetenzen. Diese werden ihm vom Top-Management übertragen. Auf dieser Grundlage kann er die Verantwortung für Termin-, Kosten- und Leistungsziele übernehmen.

Befugnisse des Projektleiters

Zu den Befugnissen eines Projektleiters gehört u. a., dass er

▸ *Projektergebnisse, die von der Linie geliefert werden, ablehnen kann,*

▸ *die Fachabteilungen anweisen darf, technische und organisatorische Schnittstellen mit anderen Abteilungen und externen Partnern abzustimmen, und*

▸ *ein Mitspracherecht bei der Zieldefinition hat.*

Projektleiter und Team werden nicht in erster Linie nach der zeitlichen Verfügbarkeit ausgewählt. Sie haben außer Sachkompetenz auch soziale Kompetenz und einige Methodenkompetenz im Projektmanagement.

Schulung und Weiterbildung

„Sieger" lassen ihre Mitarbeiter vor allem im Projektmanagement schulen und sorgen dafür, dass sie in Projekten durch ein Projektmanagement-Office unterstützt werden. Das Management stellt hierfür die nötigen Mittel bereit. Es wird nicht erwartet, dass Fähigkeiten im Projektmanagement durch „Handauflegen" erworben werden können.

> *Beispielsweise hat die Siemens AG eine eigene Projektmanagement-Akademie ins Leben gerufen, in der die Mitarbeiter auf ihre Aufgaben in Projekten vorbereitet werden.*
>
> *Vaillant erstellt für jeden Mitarbeiter eine Weiterbildungs-Bedarfsanalyse und vereinbart mit dem Mitarbeiter einen auf das Projekt bezogenen Weiterbildungsplan.*[12]

Der Einsatz in Projekten muss sich lohnen und Projektarbeit ist kein Abstellgleis für Mitarbeiter, die sich in der Linie nicht bewährt haben.

Karrieremodelle und Prämiensysteme

Durch Entwicklung und Anwendung von Karrieremodellen ist es möglich, nicht nur über erfolgreiche Linienarbeit in der Organisation aufzusteigen, sondern auch über gute Projektarbeit.

Neben diesem Konzept der langfristigen Erfolgsbeteiligung werden aber auch Projektprämiensysteme eingesetzt, um eine kurzfristige Honorierung zu bieten.

> *SBS hat einen neuen dreiteiligen Karrierepfad neben der Fachlaufbahn installiert. Daneben werden Prämien gewährt, wenn z. B. der gesetzte Termin vorzeitig erreicht wurde.*[13]

---

[12] Steeger, O.: Karrierechancen bei PM-Award-Gewinner Vaillant. Projektmanagement auf allen Führungsebenen, in : Projektmanagement aktuell, 2/2004, S. 43–47

[13] Steeger, O.: Durch „stürmische See" zum Ziel. Siemens-Team bewies hervorragendes Projektmanagement, in: Projektmanagement aktuell, 3/2001, S. 3–8

> *Bei Vaillant qualifizieren sich Mitarbeiter durch erfolgreiche Projektarbeit für weitergehende Aufgaben.*

Stakeholder Kunde (Auftraggeber)

Das Ziel eines jeden Projekts muss es ein, die Anforderungen des internen oder externen Auftraggebers so gut wie möglichst zu erfüllen. Allerdings kann es durchaus Interessengruppen (= Stakeholder) mit unterschiedlichen Erwartungen an das Projekt geben, die im Konflikt miteinander stehen. Insbesondere bei Reorganisationsprojekten ist es nicht ungewöhnlich, dass Gruppen oder Einzelpersonen das Vorhaben völlig verhindern wollen, weil sie zum Beispiel ihre Arbeitsplätze in Gefahr sehen.

Unterschiedliche Interessen

Die zukünftigen Benutzer einer neuen, im Unternehmen einzuführenden Software wünschen sich eine möglich benutzerfreundliche Oberfläche, die IT-Abteilung, die das System im Regelbetrieb betreiben und auch warten muss, wünscht eine leichte Wartbarkeit.

Zu Projektbeginn werden die wichtigsten Projektinteressenten (= Stakeholder), aber auch ihre Erwartungen an das Vorhaben identifiziert und in ein Stakeholderportfolio eingebettet:

		III		I
Betroffenheit	hoch	• Kunden (Spediteure/Urversender) • Vertrieb • eChannel Helpdesk • Call Center • Production Mitarbeiter		• Auftraggeber • Projektmanagement Team
		IV		II
	gering	• Marktforschung • weitere Mitarbeiter		• Entwickler • Einkauf
		gering		hoch
		Einflussnahme		

Stakeholderportfolio

Auf dieser Grundlage konnte nun die Informationspolitik zielgruppenspezifisch organisiert und die Intensität der Kommunikation konnte festgelegt werden.

Im vorliegenden Projekt wurden die Stakeholder im Quadranten I in den Lenkungsausschuss und das Führungsteam eingebunden, die des Quadranten II fanden Sitz und Stimme im Projektteam, mit den Gruppen aus dem Quadranten III wurde ein Beratungsteam gebildet und für die Personen im Quadranten IV wurde ein regelmäßiger Informationsfluss verabredet.

Die Stakeholder können auf diese Weise frühzeitig in das Projekt einbezogen werden, z. B. indem sie in einer Kick-off-Veranstaltung bei der Definition der Ziele des Projekts mitwirken. Damit werden Widerstände möglichst gering gehalten bzw. sehr frühzeitig erkannt. Während des Projektablaufs wird dann „stakeholdergerecht" regelmäßig bzw. nach Bedarf über den Fortschritt informiert.

Die Analyse der Erwartungen der Projektinteressenten ist also auch eine wichtige Hilfe bei der detaillierten Formulierung der Projektziele. Dabei stellt sich häufig heraus, dass die Ziele in Konkurrenz zueinander stehen und ein Kompromiss getroffen werden muss. So sind Mitarbeiter bei Umorganisationen vor allem an der Sicherheit des Arbeitsplatzes interessiert, während die Führungsspitze eine Renditesteigerung wünscht.

Der wichtigste Stakeholder ist in allen Projekten selbstverständlich der Kunde. Nur wenn seine Erwartungen erfüllt wurden, wird er weitere Aufträge erteilen.

Der Kunde als wichtigster Stakeholder

Der Kunde wurde zu Beginn des Projekts intensiv in die Zielformulierung einbezogen, seine Wünsche wurden erfasst und ins Projekt aufgenommen. Es stellte sich jedoch heraus, dass trotz dieser gemeinsamen Erarbeitung der Ziele erhebliche Unterschiede in deren Auslegung vorlagen. Dieses Problem konnte mit der Erstellung eines Prototyps, mit dem wichtige Funktionen des zukünftigen Systems demonstriert werden konnten, behoben werden.

In einem anderen Projekt waren die Projektziele zunächst nur vage und ihre Realisierung unsicher, deshalb wurde hier zunächst eine umfassende Machbarkeitsstudie erstellt.

▸ *SBS veranstaltete mit einem Großteil der Kunden einen Workshop, um die Erwartungen zu erkunden. Kunden, die nicht beteiligt waren, wurden informiert.*[14]

---

[14] Hutterer, E.: Projekt Kundenservice SBS. in; Lange, D. (Hrsg.): Deutsches Projektmanggement-Forum 1998, Dokumentationsband, München 1998, S. 397–425

> *Der Projektleiter des E-Government-Projekts in Katalonien berief auch Institutionen wie Grundbuchämter, Finanzbehörden und Verbände der Mediziner in den Projektlenkungsausschuss ein und sammelte ihre Wünsche und Anforderungen.[15]*

Stakeholder Projektmanagementteam

Von der Motivation und dem Einsatz des PM-Teams hängt der Projekterfolg entscheidend ab.

Erfolgreiche Projektleiter bringen auch die Erwartungen ihrer Teammitglieder an das Vorhaben in Erfahrung, so zum Beispiel den Wunsch nach Weiterqualifizierung.

In regelmäßigen Abständen werden die Zufriedenheit und die Stimmung im Team bewertet. Das geschieht durch das persönliche Gespräch, aber auch durch schriftliche Befragungen.

Den Worten folgen Taten, um sicherzustellen, dass sich eine Veränderung der Situation ergibt.

Erforschung der Zufriedenheit im Team

> *Vaillant stellte im Abstand von zwei Wochen an das Projektteam zehn Fragen zu Themen wie Kommunikation in der Projektgruppe, Zielerreichung und Führungsstil und ermittelte daraus einen Klimaindex, der Aufschluss über die Situation in der Gruppe gab. Als einmal die Stim-*

---

[15] Steeger, O.: Spanisches T-System Team eröffnet seinen Mitbürgern das „World Wide Web". Mit „E-Government"-Projekt zum "International Project Management Award", in: Projektmanagement aktuell 1/2005, S. 3–8

> *mung zu kippen drohte, verbrachte das Team ein gemeinsames Wochenende in einem Erholungsgebiet.*[16]
>
> ▸ *Die Deutsche Post AG ließ immer wieder die Projektbeteiligten durch eine Unternehmensberatung befragen.*[17]
>
> ▸ *UBS*[18] *erkundete ebenfalls regelmäßig die Stimmung im Kernteam. Die Kennfrage war: „Schaffen wir es?"*

Konfliktmanagement

Wo Menschen arbeiten, wird kommuniziert; wo kommuniziert wird, entstehen Missverständnisse und daraus entstehen Konflikte. Dem muss sich der Projektleiter stellen.

Gute Projektleiter lassen die in Projekten fast unvermeidlichen Konflikte nicht so weit eskalieren, bis die Positionen verhärtet sind, sondern bemühen sich vorher um konstruktive Konfliktlösungen. In manchen Fällen ist es möglich, Konflikte weitgehend dadurch zu vermeiden, dass man die Betroffenen rechtzeitig informiert. In keinem Fall ignorieren sie Konflikte und kehren sie unter den Teppich.

Außerdem werden im Konfliktfall die richtigen Partner einbezogen, z. B. Betriebsarzt (bei Alkohol- oder anderen Suchtproblemen), Fachvorgesetzte (bei Leistungsproblemen eines Mitarbeiters, bedingt durch mangelnde Erfahrung),

---

[16] Raeder: a. a. O.
[17] Deutsche Post AG; Gemini Consulting GmbH (Hrsg.): Brief 2000. Change Management der Briefproduktion. Projektteam „Briefkonzept", Nürnberg, Bonn-Bad Godesberg, Köln 1999
[18] Steeger, O.: IPMA Award Winner 2003. Spitzenprojektmanagement bei Züricher Finanzdienstleister UBS, in: Projektmanagement aktuell 4/2003, S. 5–10

Betriebsrat (bei Problemen aufgrund von Wochenend- oder Feiertagsarbeit).

> **„Allianzvertrag"**
>
> *Fluor Daniel schloss einen „Allianzvertrag", in dem sich die Beteiligten kompromisslos zur Teamarbeit verpflichteten. Mögliche Konfliktfelder wurden präventiv im Vorfeld ausgelotet und sofort im Team besprochen.[19]*

Teamführung und Verwendung eines Eskalationsprozesses

Was geschieht eigentlich, wenn

- ein Mitarbeiter an den Grenzbereich seiner Entscheidungskompetenz kommt oder
- ein Teilprojektleiter mit Änderungswünschen konfrontiert wird, die eine Überschreitung seines Budgets oder einen Zeitverzug zur Folge haben?

Diese und ähnliche Aspekte führen zur Erkenntnis: Die Verwendung eines Eskalationsprozesses (s. S. 76 f.) ist sinnvoll.

Erstklassiges Projektmanagement etabliert Regelungen, in denen festgelegt wird,

- wer im Projekt (d. h. Arbeitspaketverantwortlicher, Teilprojektleiter, Projektleiter, Lenkungsausschuss) bis zu welchem Umfang generell Entscheidungskompetenz hat,

---

[19] Steeger, O.: Projektmanagement-Oscar für Petrochemie-Projekt, in: Projektmanagement aktuell 3/2002, S. 42–42

- ab welcher Größenordnung im Problem- oder Krisenfall die nächste Managementebene einzubeziehen ist (hierfür werden Schwellenwerte definiert),
- welche spezielle Maßnahmen ergriffen werden müssen, wenn ein Projekt aus dem „Ruder" läuft, also z. B. Kosten- und Terminüberschreitungen drohen oder technische Probleme auftreten, die mit den üblichen Routineprozessen nicht zu lösen sind.

Auf den Punkt gebracht

- Das Projekt muss auf die Strategie der Organisation abgestimmt werden.
- Vorgehensmodelle helfen, den Ablauf des Vorhabens zu strukturieren.
- Dem Projektleiter sollen nicht nur Verantwortung und Aufgaben zugewiesen werden. Er braucht auch klare Befugnisse.
- Dem Team müssen Anreize für Projektarbeit gegeben werden. Aufgabe des Projektleiters ist es, sich um die Stimmung und Motivation der Projektgruppe zu kümmern.
- Die Erwartungen der Stakeholder müssen erkundet und für die Zielformulierung genutzt werden.
- Konflikte müssen offen ausgetragen und dürfen nicht unterdrückt werden.

Maschineneinsatz

Für die regelmäßige schriftliche Berichterstattung steht heute ein umfangreiches Angebot an Software bereit. Mit ihrer Hilfe ist es möglich, auf Informationsbedürfnisse der verschiedenen Adressatengruppen sehr genau einzugehen und auch die Zusammenarbeit der Mitglieder des Projektteams, die möglicherweise an verschiedenen Orten und in verschiedenen Zeitzonen arbeiten, zu unterstützen.

Umfassende Projektinformationen (Verträge, Lasten- und Pflichtenhefte, Testberichte, Besprechungsprotokolle etc.) können so gespeichert werden, dass sie allen Berechtigten immer aktuell zur Verfügung stehen.

Erfolgreiche Unternehmen bedienen sich in ihren Projekten der modernsten Möglichkeiten, die die Informationstechnologie heute bietet, berichten zeitnah über das Projektgeschehen und stimmen ihr Berichtswesen ganz auf die Projektinteressenten ab. Wünsche der Berichtsempfänger zur Gestaltung der Reports werden erfüllt.

Effektive Berichterstattung

- *Für das Projekt „Brief 2000" wurde ein Video-Conferencing-System zum schnellen Datenaustausch eingerichtet.*
- *SBS informierte wöchentlich über neu in den Server eingestellte Projektdokumente. Diese Unterlagen waren allen zugänglich.*

> **Auf den Punkt gebracht**
>
> ▸ Projektberichte müssen zeitnah sein.
> ▸ Die Wünsche der Adressaten sind zu berücksichtigen.

Einbeziehung des Projektumfelds

Das oberste Ziel eines Projekts ist es, den Kunden zufriedenzustellen. Der Ärger mit überzogenen Terminen und Kostenüberschreitungen bei einem Entwicklungsprojekt verraucht irgendwann einmal, der Groll über ein geliefertes System, das die Erwartungen nicht erfüllt, bleibt bis zur Ausmusterung des Produkts als Malus bestehen. In einem anderen Projekt mag man die etwas geringere Leistungserbringung verzeihen, wenn nur der Termin gehalten werden kann, z. B. weil daran ein Messeauftritt gekoppelt ist.

> *Kontakt mit dem Kunden und anderen Stakeholdern halten*
>
> *Preisträger halten mit dem Kunden ständig Kontakt und bemühen sich, zusätzliche Wünsche, die sich erst während des Projekts ergeben, zu erfüllen. Nicht nur am Schluss, sondern auch während der Projektlaufzeit wird er nach seiner Zufriedenheit gefragt. Aus Kritik und Anregungen werden Folgerungen für das laufende Projekt und für zukünftige Aufträge gezogen.*
>
> *Es ist selbstverständlich, dass auch andere Stakeholder durch regelmäßige Information über den Status des Projekts in Kenntnis gesetzt werden und auf diese Weise aktiv mit in das Projektgeschehen eingebunden werden.*

Beobachtung des externen Umfelds

Jedes Projekt ist in ein Umfeld eingebettet, von dem Auswirkungen auf das Vorhaben ausgehen. Zum Beispiel können massive Preissteigerungen auf Rohstoffmärkten die Einhaltung des Budgets gefährden.

Ein Projekt kann in dem Sinne erfolgreich sein, dass der Projektleiter den gesetzten Termin und die Kostenvorgaben einhält und die geplanten Leistungsziele erreicht (Abwicklungserfolg). Trotzdem kann das Vorhaben ein schwerer Fehlschlag sein, wenn sich das entstandene Produkt nicht verkaufen lässt. So könnte z. B. ein Konkurrent mit einem ganz ähnlichen Produkt etwas früher auf den Markt gekommen sein und die Kaufkraft weitgehend abgeschöpft haben. Letztlich fehlt einem solchen Projekt der Anwendungserfolg.

Gewinner beobachten während der gesamten Projektlaufzeit die relevanten Märkte und nutzen dabei das Wissen der Marketing- und Vertriebsspezialisten im Unternehmen. Sie analysieren die Entwicklungen der Umwelt des Projekts, etwa die Gesetzgebung, und prüfen sie auf eventuelle Auswirkungen auf das Projekt. Das Ergebnis dieser Analyse kann auch einmal ein bewusster Projektabbruch sein, häufiger ist es aber die Modifikation der Projektziele und daran gekoppelt die Anpassung der Projektpläne.

Beobachtungen und ggf. Modifikationen während des Projekts

- Im Vorhaben Brief 2000 verlangte die Unternehmensführung angesichts des bevorstehenden Monopolwegfalls eine Verkürzung der Projektlaufzeit und veränderte Prioritäten für die Erstellung der Briefzentren.[20]
- SBS erfasste anhand der regelmäßigen Berichte der Gartner Group und der Informationen von Andersen Consulting laufend die Markttrends.[21]

Auf den Punkt gebracht

- Der Kunde muss auch während des Projekts, nicht erst am Schluss, nach seiner Zufriedenheit befragt werden.
- Das Umfeld, in dem das Vorhaben abgewickelt wird, also z. B. konkurrierende Firmen, muss laufend beobachtet werden, um drohende Gefahren rechtzeitig zu erkennen.

---

[20] Thomas, H.: Projekt Brief 2000, in : Lange, D. (Hrsg.) : Deutsches Projektmanagement-Forum 1999. Dokumentationsband. Nürnberg 1999, S. 311–326

[21] Hutterer: a. a. O.

Planungswerkzeuge und -methoden

Zielvorgaben

Die Identifikation von Projektinteressenten (Stakeholder) und ihrer Wünsche und Vorstellungen dient, wie schon erwähnt, vor allem zur präziseren Formulierung von Zielen.

Die Ziele des Projekts werden so gesetzt, dass damit so weit wie möglich die Erwartungen der Projektinteressenten, vor allem natürlich des Kunden, erfüllt werden und dass am Ende des Projekts nachgeprüft werden kann, ob sie erreicht wurden oder nicht.

> ### *Zielformulierung*
>
> ▸ *So lautet z. B. das Oberziel eines Vorhabens zur Reorganisation der Behandlung von Kundenbeschwerden: „Kundenbeschwerden sind innerhalb von maximal vier Arbeitstagen zu bearbeiten und zu beantworten."*
>
> ▸ *Im Projekt „Brief 2000" war das operationale Projektziel „E+1". Das bedeutet: Ein Brief soll einen Tag nach dem Einwurf beim Empfänger sein. Die Einhaltung des Ziels, das maßgebend für die Kundenzufriedenheit war, wurde laufend überprüft.*

Die hinlänglich bekannten „Machen-Sie-mal-Projekte" ohne klaren Auftrag und ohne Mittelzuweisung sind in aller Regel zum Scheitern verurteilt. Die Führung zeigt damit, dass sie dem Vorhaben keine besondere Bedeutung zumisst. In einem Projekt mit einem hohen Stellenwert wird das Topmanagement klarere Zielvorgaben machen bzw. Ressourcen für eine Zielklärung (Vorstudie, Machbarkeitsstudie) genehmigen. Das Projektteam wird die Erarbeitung und Verfeinerung der Projektziele mit der gebotenen Sorgfalt vornehmen.

Sind die Projektziele noch sehr unklar oder ist zweifelhaft, ob sie überhaupt erreicht werden können, werden Vor- oder Machbarkeitsstudien durchgeführt. Die Projekte sind u. a. deshalb sehr erfolgreich durchgeführt worden, weil sie dem Prozess der Zielfindung angemessenen Raum gegeben und Zeit gewidmet haben. Die positive Folge: Später notwendig durchzuführende Änderungen halten sich in Grenzen. Es gilt bei diesen Teams: Wir haben erkannt, dass Änderungen auf Papier billig sind, Änderungen bei bereits realisierten Systemen dagegen teuer. Deshalb müssen sie möglichst vermieden werden.

Projektplanung

Viele Unternehmen und andere Organisationen betreiben „Projektmanagement by Durchwursteln". Das bedeutet: Der Ablauf eines Projekts bleibt weitgehend unorganisiert. Die Arbeitsteilung der Projektmitarbeiter wird nicht im Voraus durch einen Plan koordiniert, sondern der Selbstorganisation durch die Beteiligten überlassen. Das Motto für solche Projekte könnte lauten: „Es wird schon gut gehen". Das tut es dann leider aber nicht.

Gewinner verlassen sich nicht ausschließlich auf die Selbstabstimmung, sondern verfahren nach dem schon erwähnten Paradigma der Ablauforganisation, das da lautet: Ein organisierter, d. h. geplanter Projektablauf ist für den Projekterfolg wichtiger als ein über weite Strecken unorganisierter Prozess. Sie nutzen Instrumente wie den Projektstrukturplan, die Ablauf- und Zeitplanung oder die Werkzeuge des Konfigurationsmanagements, etwas vereinfacht auch Änderungsmanagement genannt, um eine gute Projektarbeit zu gewährleisten.

Ein unverzichtbares Planungswerkzeug sind, wie schon mehrfach erwähnt, Vorgehensmodelle.

Vorgehensmodelle

So strukturiert Vaillant seine Produktentwicklungsprozesse mit seinem schon erwähnten „Innovationsprozess", der aus den großen Phasen Produktstrategie, Produktkonzeption, Produktgestaltung und Produktrealisierung besteht. Diese großen Zeitabschnitte sind dann weiter in kleinere Phasen unterteilt, so etwa die Produktkonzeption in Konzeptentwicklung und Produktdefinition.[22]

Mehr noch, die besten Teams hinterlegen ihrer Arbeit weitere Werkzeuge des Managements, um die Sicherheit in der Bearbeitung des Projekts weiter zu erhöhen und die Qualität des Projektergebnisses ab Projektbeginn auf ein hohes Niveau zu bringen.

Zusätzliche Managementwerkzeuge

In der folgenden Abbildung sind zusätzliche Werkzeuge für das Projektteam des Entwicklungsprojekts von Vaillant zur Unterstützung dargestellt.

---

[22] Raeder: a. a. O.

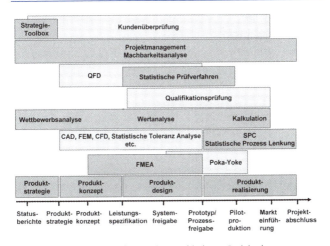

Managementwerkzeuge in verschiedenen Projektphasen

> *Das Projekt nutzte den firmenspezifischen Standardphasenplan für Entwicklungsprojekte. Über die einzelnen Phasen wurde dann das jeweils relevante Managementwerkzeug gesetzt. Das Projektteam konnte damit ein verbindliches Arbeitsmodell nutzen und eine schnelle Projektbearbeitung im Entwicklungsprojekt gewährleisten. Außerdem wussten jedes Teammitglied und auch das Management sehr frühzeitig um die zum Einsatz kommenden Werkzeuge und Methoden. Die Ergebnisse der jeweiligen Phase wurden in einem Review einem kritischen Assessment unterzogen.*

Projektstrukturierung

Um die gesetzten Ziele zu erreichen, muss das Projekt im Projektstrukturplan (PSP) in einzelne Arbeitspakete zerlegt werden. Der Projektstrukturplan, auch der „Plan der Pläne" genannt, beantwortet die Frage: „Was ist in einem Projekt zu tun?" Die einzelnen Arbeitspakete – nichts anderes als Aufgabenbündel, die in einem Projekt zu erledigen sind – werden von den Projektmitarbeitern, die für die Ausführung verantwortlich sind, nach einem einheitlichen Schema beschrieben. Der Projektleiter, der für den Erfolg des Projekts zuständig ist, wird dabei eingebunden. Er vergibt die Arbeitspakete als interne Aufträge an die Verantwortlichen.

In Projekten erfolgreiche Organisationen erstellen für ihre Vorhaben schon in einer frühen Projektphase einen solchen Projektstrukturplan, der im weiteren Verlauf des Projekts aktualisiert und fortgeschrieben wird. Für jedes Arbeitspaket gibt es einen und nur einen Verantwortlichen. An der Erarbeitung des Projektstrukturplans sind alle Teammitglieder beteiligt. Damit wird eine gemeinsame Kommunikationsbasis geschaffen. Jeder weiß, wer was im Projekt zu erledigen hat. Bei Projekten mit einer langen Laufzeit wird der Projektstrukturplan in Einklang mit dem Phasenplan entwickelt.

Alle siegreichen Teams strukturierten ihr Vorhaben sorgfältig in Teilprojekte, Teilaufgaben und Arbeitspakete.

Besonders bei lange laufenden Projekten kann es sinnvoll sein, die Planungstiefe des Projektstrukturplans in Abhängigkeit von der jeweiligen Projektphase zu gestalten. Konkret bedeutet dies, dass die großen Teilaufgaben für das Gesamtprojekt definiert werden, die einzelnen Arbeitspakete je Teilaufgabe aber erst für die übernächste und die Aktivitäten je Arbeitspaket für die nächste Phase. Im weiteren Projektfortschritt, d. h. beim Erreichen des Endes der laufenden Phase, erfolgt dann die Detaillierung der dann auszuführenden Arbeitspakete und Teilaufgaben (rollierende Planung). Mit dieser Vorgehensweise können neuerlich gewonnene Erkenntnisse direkt ins Projekt einfließen, ohne den Änderungsaufwand ausufern zu lassen. Außerdem ist diese Vorgehensweise eine sehr kostengünstige Planungsvariante. Die Herausforderungen bestehen in der Zulassung von und im Umgang mit der Unschärfe.

> *Erstellung des Projektstrukturplans in Teamarbeit*
>
> *Das Team wird vom Projektleiter zu einer mehrtägigen Veranstaltung in ein Tagungshotel eingeladen. Auf dem Programm stehen diverse Maßnahmen zum gegenseitigen Kennenlernen und zur Teambildung. Hierzu werden gemeinsame Wanderungen unternommen und ein Hochseilgarten besucht. Im Hochseilgarten werden unter Anleitung erfahrener Kletterer Übungen gemacht, um den Zusammenhalt in der Gruppe zu stärken.*
>
> *Zurück im Tagungshotel wartet bereits ein externer Moderator mit einer Aufgabe auf das Team. Es soll die Frage geklärt werden, was zu tun ist, um das Projekt erfolgreich zu realisieren. Die Aufgabe wird zunächst als Individualarbeit angelegt, wobei der Moderator verlangt, dass jeder Teilnehmer seine ersten Ideen auf ein Blatt Papier schreibt. Nun bittet er darum, diese ersten Ideen auf farbige Moderationskarten zu schreiben und darauf zu achten, dass Substantiven ein Verb zugestellt wird (also nicht: „Mitarbeiter für Helpdesk", sondern: „Mitarbeiter für den Helpdesk gewinnen").*
>
> *Der gesamte Arbeitsschritt geht sehr ruhig über die Bühne und am Ende steht dem Moderator ein dicker Stapel bunter Kärtchen zur weiteren Arbeit mit dem Team zur Verfügung.*

> *Für diesen Arbeitsschritt werden die Karten an Pinnwände gebracht und Arbeitspakete gebildet. Das Team bekommt nun die Aufgabe, u. U. fehlende Bereiche zu identifizieren. Dabei werden weitere wichtige Arbeitspakete gefunden. Arbeitspakete werden zu Teilaufgaben zusammengefasst, weil sich diese z. B. einer Abteilung oder einer Phase zuweisen lassen. Am Ende eines arbeitsintensiven Tages hatte das Team einen Projektstrukturplan erstellt.*
>
> *Die vom Moderator angeregte Feedbackrunde zeigte, dass sich jedes Teammitglied im PSP wiederfindet und mit der gesamten Arbeitsweise sehr zufrieden war.*
>
> *Auf der Grundlage des hier entstandenen PSP wurde nun ein Zeit- und Kostenplan erstellt.*

Meilensteine

Um den groben Projektablauf festzulegen, werden Meilensteine als Zwischenziele gesetzt. Diese Haltepunkte sind häufig durch Vorgehensmodelle (z. B. durch das V-Modell, das für IT-Projekte der öffentlichen Hand verbindlich ist) vorgegeben oder müssen für jedes Projekt individuell formuliert werden.

Einem Meilenstein werden gewünschte sachliche Zwischenergebnisse (Leistungsbeschreibung, Testbericht, Prototyp o. Ä.) und ein geplanter Termin zugeordnet.

Phasenplan

> *Im Phasenplan werden zunächst die grobe Ablauforientierung und die Phase festgelegt. In der folgenden Abbildung ist ein solches Phasenmodell, wie es zum Beispiel BMW verwendete, dargestellt.*

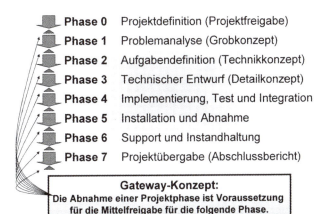

Das Projektteam musste jeweils eine formelle Annahme der Ergebnisse einer Phase erwirken, bevor es in die nächste Phase eintreten konnte. Es versteht sich von selbst, dass diese Freigaberunden sorgfältig vorbereitet werden mussten und der Ergebnisdarstellung ein hoher Stellenwert beigemessen wurde.

In erfolgreichen Projekten werden die Meilensteine dicht gesetzt. Die gewünschten Zwischenergebnisse werden so formuliert, dass nachgeprüft werden kann, ob sie erreicht wurden oder nicht.

Formulierung eines Meilensteins

Ein Beispiel für eine präzise Meilensteinformulierung ist: „Vertriebsplan für Neuprodukt nach den Regeln des Projektmanagementleitfadens vom Team ausgearbeitet und vom Lenkungsausschuss akzeptiert."

Die Resultate werden dem Auftraggeber kommuniziert und von ihm abgenommen. Zu den einzelnen Meilensteinen wird auch überprüft, ob sich das Projektumfeld (z. B. die Marktlage für ein neu zu entwickelndes Produkt) inzwischen geändert hat und die Projektziele deshalb modifiziert werden müssen. Notwendige Zielkorrekturen werden mithilfe der Werkzeuge des Konfigurationsmanagements geplant, überwacht und dokumentiert. Ihre Auswirkungen auf Termine und Kosten werden überprüft.

Die konkrete Formulierung der für das Ende einer Phase geplanten Ergebnisse ist eine sehr gute Grundlage für die Projektüberwachung und -steuerung. Kosten- und Terminentwicklung und der Leistungsfortschritt können damit transparent gemacht werden. Der Projektleiter hat außerdem die Möglichkeit, an die Meilensteintermine Besprechungs- und Workshoptermine zu koppeln, um Projektreviews und Projektstatusbewertungen durchzuführen.

Detaillierte Ablaufplanung

Der Meilenstein- oder Phasenplan ist zumeist zu grob (z. B. bei großen, lang laufenden, personalintensiven oder sehr riskanten Projekten), um die gesetzten Ziele im Termin und in den Kosten realisieren zu können. Deshalb ist eine detaillierte Ablaufplanung erforderlich. Der bereits erstellte Projektstrukturplan ist dafür die Arbeitsgrundlage.

Gewinner errechnen für die Ablaufplanung nach den Regeln der Netzplantechnik mit Projektmanagement-Software früheste und späteste Anfangs- und Endzeitpunkte und zeitliche Reserven auf den einzelnen Pfaden durch den Netzplan (Puffer). Sie identifizieren kritische Wege, d. h.

zeitliche Abfolgen von Arbeitspaketen, auf denen jede Zeitverzögerung zu einer Verschiebung des Projektendtermins führt. Die tatsächlichen Dauern der einzelnen Aufgabenbündel (Teilaufgaben und Arbeitspakete) werden für die laufende Aktualisierung der Termine benutzt. Da sich der notwendige Ressourceneinsatz (Einsatzmittelplanung) und die Kosten eines Projekts leichter schätzen lassen, wenn eine komplexe Gesamtaufgabe in einzelne Komponenten, sprich Arbeitspakete, zerlegt wird, benutzen sie die Arbeitspakete auch für die Schätzung des Einsatzmittelbedarfs und der erwarteten Kosten.

Hochklassige Projektteams verknüpfen die Ergebnisse der detaillierten Ablaufplanung zu Kernelementen des Projekterfolgs.

Alle Teams erstellten Ablaufpläne, die laufend revidiert wurden.

Ablaufplanung

Als Strukturierungsmittel wurden z. B. bei SBS vernetzte Balkenpläne verwendet.

Kernelemente des Projekterfolgs

> In diesem Projekt waren die Erfolgsfaktoren auf die konsequente Projektrealisierung zugeschnitten. Mit dieser Vorgehensweise konnte der Projektleiter einen hohen Beteiligungsgrad des Projektteams und eine hervorragende Unterstützung durch das übergeordnete Management erreichen.

Auf den Punkt gebracht

▸ Ziele müssen so formuliert werden, dass sie messbar sind.

> - Projekte sind sorgfältig in Teilprojekte, Teilaufgaben und Arbeitspakete zu untergliedern. Nur so lässt sich Komplexität beherrschen.
> - Eine solche Struktur kann nur in Teamarbeit erstellt werden.
> - Dicht gesetzte Meilensteine dienen als Orientierungspunkte für die Mitarbeiter und schaffen Transparenz über den Projektfortschritt.
> - Eine detaillierte Ablaufplanung, die laufend aktualisiert wird, sichert die Termineinhaltung.

Erreichen der Projektergebnisse

Ein projektbewusstes Topmanagement lässt sich regelmäßig über den Fortgang des Projekts berichten. Damit zeigt es sein Interesse am Vorhaben. Der persönliche Kontakt mit den Projektbeteiligten ist dabei durch nichts zu ersetzen. Wer aber nur positive Nachrichten hören will und den Überbringer schlechter Nachrichten bestraft, hat seinen Job als Topmanager verfehlt.

Berichtswesen

Das Topmanagement informierte sich regelmäßig durch Besuche beim Kernteam über den Stand des Projekts. Neben diesen unerlässlichen Vor-Ort-Besuchen bestand die Führung aber auch auf einem einheitlichen Berichtswesen. Nachstehend ein Beispiel für ein solches System, das sich auf die wesentlichen Fakten beschränkt und das Management nicht mit Informationen überschüttet:

Meeting	Abgehalten:	Maßnahmen und Ergebnisse
Meeting der Verbindungsmanager	Jeden zweiten Montag	Aufzeigen neuer bzw. gelöster Frühwarnungen und Alarme. Aufzeigen des Arbeits- und Projektstatus. Die Ergebnisse des Meetings werden durch das zentrale PM-Team umgesetzt und weiteren Dokumentationen hinzugefügt (Regionalübersicht, Maschinenübersicht etc.). Der erste Entscheidungsskizze wird bis spätestens Donnerstag, 14:00 h zum Verbindungsmanager gesendet.
Meeting des zentralen PM-Teams	Folgenden Mittwoch	Diskussion der Dokumentation, Korrekturen und Änderungen. Dokumentenbearbeitung, zur Verbindung der aktualisierten Regionalübersichten, Ampelberichte und des Monitoring. Erstellung einer zweiten Entscheidungsskizze.
Update-Meeting	Jeden zweiten Donnerstag	Präsentation des Monitoring und der Entscheidungsskizze. Entscheidungsanpassung auf Basis der abgestimmten Entscheidungsskizze durch das zentrale PM-Team und Zuweisung der neuen Aufgaben an die Verbindungsmanager. Dokumentenbearbeitung durch zentrales PM-Team: - Integration der Änderungen und Entscheidungen, - Korrektur des Ampelberichts, - Aufgabenanpassungen und - Aktualisierung der Prioritätenliste. Versand der Dokumentation zum folgenden Montag.

Festlegung für das Berichtswesen im Projekt

Auch bei Besprechungen, Arbeitstreffen und Teamsitzungen ist auffällig, dass gerade Spitzenteams auf formales Vorgehen achten.

Für erfolgreiche Teamsitzungen werden Regeln für den Umgang miteinander erstellt oder, wenn im Unternehmen vorhanden, bestehende Beschreibungen verwendet. Die formulierten Gebote werden zwar in der Praxis kaum einmal alle erfüllt. Das macht sie aber nicht überflüssig. Vielmehr werden sie immer wieder einmal herangezogen, um kritisch über die Arbeit in der Gruppe nachzudenken und, wenn notwendig, Änderungen anzustreben.

Der Weg zum Projektziel ist zu überwachen. Dazu werden Fertigstellungswerte von Arbeitspaketen, viel mehr noch aber Zwischenergebnisse analysiert und bewertet.

Es gilt der Satz: „You can only manage what is left to be done." Das bedeutet: Drohende Termin- und Kostenüberschreitung und zu erwartende Mängel bei den Leistungszielen müssen frühzeitig signalisiert werden. Erfolgreiche Projektmanager richten hierfür ein Frühwarnsystem ein. Ein wichtiger Frühwarnindikator ist z. B. die wiederholt durchgeführte Restkostenschätzung. Aber auch im „weichen" Bereich der Projektarbeit wird bspw. eine hohe Fluktuation im Projektteam als Indikator für mögliche Probleme oder Krisen im Projekt genutzt.

Frühwarnsystem

- *Für Brief 2000 wurde ein sogenanntes Ampelsystem installiert. War der Zeitpuffer eines Vorgangs zu 100 % aufgebraucht und eine Auswirkung auf den Projektendtermin zu befürchten, schaltete die Ampel auf Gelb. War der Zeitplan überschritten und der kritische Pfad betroffen, schaltete sie auf Rot.*[23]

- *Vorausschauend entwickelte das UBS-Team einen eigenen Risikokatalog, ein Dokument von gut 60 Seiten. In diesem Katalog listete die Gruppe alle möglichen Gefährdungen des Projekts auf und fragte sich, wie groß ist die Wahrscheinlichkeit ist, dass das Risiko eintritt, und wie hoch der Einfluss auf das Projekt ist. Aus dieser Einschätzung ergab sich eine Liste, in der die als besonders gefährlich eingeschätzten Risiken aufgeführt waren. Wöchentlich wurde über Stand und Entwicklung der Risiken berichtet.*[24]

---

[23] Deutsche Post: a. a. O.
[24] Steeger, O.: „IPMA Award Winners 2003. Spitzenprojektmanagement bei Züricher Finanzdienstleister UBS, in: Projektmanagement aktuell 4/2003, S. 5–10

> **Auf den Punkt gebracht**
>
> ▸ Das Topmanagement muss sich laufend über das Projekt informieren. So zeigt es sein Interesse und Engagement.
> ▸ Frühwarnsysteme und die rechtzeitige Identifikation und Bewertung von Projektrisiken, verbunden mit entsprechenden Maßnahmen des Risikomanagements, ersparen böse Überraschungen.

Empfehlungen für ein erstklassiges Projektmanagement

Wir haben die Werkzeuge, Techniken und Methoden des Projektmanagements besprochen, die in den besten Projekten der Award-Gewinner eingesetzt wurden. Ihre Anwendung erfordert sowohl Know-how als auch die Möglichkeit, sie einzusetzen. Jeder Projektmanager sollte grundsätzlich die Anwendbarkeit der beschriebenen Best Practices für sein Projekt prüfen und entsprechend arbeiten.

Auf der Grundlage unserer persönlichen Erfahrung als Projektmanager und Mitglieder der Jury empfehlen wir, die gezeigten Methoden zwar als Standard zu betrachten, aber richtig und auch im richtigen Umfang in jedem Projekt zur Anwendung zu bringen.

Damit wären wir beinahe am Ende, wäre da nicht noch ein ganz spannender Punkt: die Frage der Entwicklung der Projektvision. Wir möchten keine weitere Empfehlung geben, dennoch gerne etwas dazu sagen.

Schlusswort zur Projektvision – mit der vielleicht alles anfängt?

Nach der Verleihung des Awards sprachen wir mit dem Projektmanager eines Gewinnerteams über die Vision zu seinem Projekt.

„Nun", sagte er, „wir haben uns da von Loriot inspirieren lassen, der sagte einmal: ‚Ich kann gar nichts sehen, weil ich beim Fahren immer die Augen zumache, weil mich der Verkehr nervös macht.'

Also haben wir unsere Augen aufgemacht und festgestellt, dass wir mit einem Porsche mit 30 km/h auf einer leeren Autobahn unterwegs waren. Unter herkömmlichen Bedingungen und normalen Umständen (mit geschlossenen Augen) hätten wir uns hingesetzt und uns überlegt, ob wir als Ziel ausgeben sollten, die Geschwindigkeit um sagen wir mal 10 % zu steigern oder vielleicht die glückliche Gunst der Stunde zu nutzen und einfach mal Spaß am Fahren zu haben. Genau dazu haben wir uns entschlossen und dabei mit Traditionen gebrochen, etwas komplett Neues geschaffen und mit unserem Projekt einen außergewöhnlichen Erfolg realisiert.

Manchmal muss man die Augen aufmachen, um feststellen zu können, dass nichts da ist, was einen nervös machen könnte!"

Vielleicht muss ein Projektleiter einmal ganz radikal umdenken und von einem eingefahrenen Paradigma abgehen?

Röthenbach und Oberau, im Januar 2008

Roland Ottmann und Heinz Schelle

Stichwortverzeichnis

Ablaufplanung 118
Arbeitspakete 67
Arbeitsteilung 58
Ausbildung 78

Benchmark 9, 91
Benchmarking 38
Berichterstattung 106
Best Practices 9, 39, 56
   nicht von allen
      angewandte ~ 75
   von allen Award-
      Gewinnern
      angewandte ~ 57

Controlling 89

Dokumentation 71

Erfahrungsaustausch 71
Eskalationsprozess 76, 104

Fortbildung 78
Frühwarnsystem 123
Führung 44, 60

Gesundheit der Mitarbeiter 87

Konfigurationsmanagement 85
Konfliktmanagement 103
Kostenüberschreitungen 86
Kreativitätstechniken 87

Kunde 99
Kundenanforderungen 59
Kunden-Lieferanten-
   Beziehung 73
Kundenzufriedenheit 41, 46

Lernende Organisation 39
Lieferanten 41

Management des
   Projektumfelds 56, 62, 80
Management Reviews 74
Managementfähigkeiten
   Verbesserung 74
Maschineneinsatz 56, 61, 106
Meilensteine 116
Mitarbeiter 44
Mitarbeiterengagement 41
Mitarbeiterfortbildung 41
Mitarbeiterverantwortung 59
Mitarbeiterzufriedenheit 47
Modell für Project Excellence
   (MfPE) 9, 41
   Bewertungswerkzeuge 42

Organisation 58, 65

Personal 59
Phasenmodell 68, 94, 116
Planungswerkzeuge und
   -methoden 56, 64, 81, 110
Projektablauf 68

Stichwortverzeichnis

Projekt-Benchmarking (PBM) 38
Projektbüro 77
Projektcontrolling 72, 89
Projektergebnisse 42
   Bewertung 46
   Realisation 121
   Realisierung 56, 70, 88
Projektkosten 68
Projektleiter
   Befugnisse 97
Projektleitfaden 94
Projektmanagemement-Award (PM-Award) 9
Projektmanagement 42
   Bewertung 43
   Rahmenkonzept 69
   Werkzeuge 93
Projektmanagement-Award (PMA) 51
   Bewerbung 51
   Ziele 52
Projektmanagement-Award (PM-Award)
   Gewinner 1998 10
   Gewinner 1999 13
   Gewinner 2000 17
   Gewinner 2001 21
   Gewinner 2002 26
   Gewinner 2003 29
   Gewinner 2004 32
Projektmanagementteam 102
Projektperformance 68
Projektplanung 65, 89, 111
Projektportfolio 96
Projektstrukturierung 113
Projektstrukturplan (PSP) 113
Projektumfeld 107
Projektziele 44, 68
Prozesse 42, 45

Qualitätsmanagement 84

Ressourcen 45
Ressourcenplanung 86
Risikomanagement 87
Rollierende Planung 115

Schulung 97
Scorecards 72
Sicherheit der Mitarbeiter 87
Sicherheitsmanagement 87
Soziale Verantwortung 41
Stakeholder 47
   Kunde 99
   Projektmanagementteam 102

Teamarbeit 77
Teamführung 56, 57, 76, 93
Terminverzögerungen 86

Unternehmensführung 41

Vertragsmanagement 85

Weiterbildung 97

Zielerreichung 47
Zielvorgabe 66
Zielvorgaben 110

Roland Ottmann

Roland Ottmann hat Maschinenbau und Betriebswirtschaft studiert und die Grade Master of Business Administration (MBA) in Henley on Thames (UK) und Doctor of Philosophy (Ph.D.) in Lille/Paris (Frankreich) erlangt. Seit 1985 Projektleiter, Berater, Coach und Trainer im Projektmanagement. Er war Initiator und Projektleiter des deutschen und des internationalen Project Excellence Award und des Bewertungsmodells Project Excellence. info@ottmann.de, www.ottmann.de

Heinz Schelle

Heinz Schelle hat in München Nationalökonomie studiert (Promotion im Jahr 1968). Von 1969 bis 1975 war er in der Zentralen Forschung und Entwicklung der Siemens AG tätig. 1975 erhielt er einen Ruf auf eine Professur für „Betriebswirtschaftslehre mit besonderer Berücksichtigung des Projektmanagements" an die Universität der Bundeswehr München. Er war Mitglied der Award-Jury des deutschen und des internationalen Project Excellence Awards. h.schelle@gaponline.de

Impressum:

Verlag C. H. Beck im Internet: www.beck.de
ISBN: 978-3-406-57175-6
© 2008 Verlag C. H. Beck oHG, Wilhelmstraße 9, 80801 München
Lektorat und DTP: Text+Design Jutta Cram, 86157 Augsburg, www.textplusdesign.de
Umschlaggestaltung: Bureau Parapluie, 85253 Großberghofen
Umschlagbild: © manic35/fotolia.de
Druck und Bindung: Druckerei C. H. Beck, Nördlingen
(Adresse wie Verlag)
Gedruckt auf säurefreiem, alterungsbeständigem Papier
(hergestellt aus chlorfrei gebleichtem Zellstoff)